东北地区语言应用研究

佟淑玲 ◎ 著

吉林出版集团股份有限公司

图书在版编目（CIP）数据

东北地区语言应用研究 / 佟淑玲著. — 长春 : 吉林出版集团股份有限公司, 2022.4

ISBN 978-7-5731-1409-9

Ⅰ. ①东… Ⅱ. ①佟… Ⅲ. ①北方方言－语言运用－方言研究－东北地区 Ⅳ. ①H172.1

中国版本图书馆 CIP 数据核字（2022）第 062840 号

东北地区语言应用研究

著　　者 佟淑玲
责任编辑 滕　林
封面设计 林　吉
开　　本 787mm×1092mm　1/16
字　　数 220 千
印　　张 10.25
版　　次 2022 年 4 月第 1 版
印　　次 2022 年 4 月第 1 次印刷

出版发行 吉林出版集团股份有限公司
电　　话 总编办：010-63109269
发行部：010-63109269
印　　刷 北京宝莲鸿图科技有限公司

ISBN 978-7-5731-1409-9　　定价：68.00 元

前　言

当下，国家对普通话的普及越来越重视，从而导致了方言的流失，讲方言的人越来越少，了解方言的形成和发展的人也越来越少，笔者通过研究此选题意在让更多的人体会到方言的艺术性和魅力，让更多人在讲普通话的同时也不会忘记方言。

在研究东北方言的过程中，笔者在整理并研究的过程中丰富了东北方言的艺术特征，深入挖掘了东北方言的历史背景，展现了其未来的发展及其社会价值，例证了东北方言的发展前景实际是光明的，这一观点是有迹可循的。

从以前到现在，东北方言的研究已经从一点点扩展到逐渐全面化。但是这其中还是，有很多的内容需要我们去研究，相对于其他方言的研究，东北方言这一块还是远远不够的。作为一个地地道道的东北人，想借此机会研究东北地区方言，为弘扬东北地域的优秀传统文化贡献出一份小小的力量，笔者能动力有限，对于前人研究成果进行了整合，并在此基础上进一步研究。而东北方言的魅力也是很值得我们学者去研究去探索的。虽然东北这片辽阔的土地有众多分区，但由于生存环境大体一致，仅仅某些方面有细微差别，这也使东北方言在语音语调上大体上差不多，但是某些字音却是某些区域特有的读音，与其他地区有所不同。这就是笔者想要论证的：东北地区是唯一一个打破了“十里不同音，百里不同俗”这一说法的地区。由于编写时间和作者水平所限，书中难免会有不足或疏漏之处，希望各位同行和专家批评指正。

著　者

2022 年 2 月

目录

第一章　绪论

第一节　东北方言研究现状

人们通常认为，“东北”近乎等同于“东三省”——黑龙江、吉林、辽宁三省区。实际上，“东北地区”是区分为狭义和广义两个概念的。狭义的“东北地区”指的就是今黑龙江、吉林、辽宁三省组成的区域；广义上的“东北地区”除了黑龙江、吉林、辽宁三省外，还包括今内蒙古自治区的蒙东地区（呼伦贝尔市、兴安盟、通辽市、赤峰市、锡林郭勒盟），东北地区面积约 147 万平方公里，人口约 1.22 亿（2010 年全国第六次人口普查数据）。

东北方言作为北方方言的一个分支方言，早在 20 世纪 50 年代对东北方言的研究已经取得了一定的成果，这一时期初步完成了语音方面的考察工作，基本确立了东北三省的语言系统，并针对其语言特点进行了总结。这一时期主要著作有《通化音系》《辽宁语音说略》《吉林人学习普通话手册》等，并出版了最早的东北方言词典《常用东北方言词浅释》，其中所收词语以吉林方言为主。对于东北方言研究，值得关注的是 20 世纪 80 年代，这一时期，研究成果主要以对方言的分区划分为主。如：李荣从整体上将官话方言进行划分，共分为 8 个次方言。贺巍则将东北官话划分为吉沈、哈阜、黑松三片。孙维张、郭正彦等分别对吉林方言和黑龙江方言进行了划分。20 世纪 80 年代末 90 年代初，词汇研究成果颇丰，相继出版了五本方言词典，一本是许皓光、张大鸣编写的《简明东北方言词典》，该词典主要以辽宁方言为主；一本是马思周、姜光辉编写的《东北方言词典》，收集了流行于东北三省的方言词语，以黑龙江、吉林为主，辽宁次之；还有刘小南、姜文振编写的《黑龙江方言词典》，主要以黑龙江为主，除收录方言词以外，还兼收方言熟语；王博、王长元编写的《关东方言词汇》，主要以吉林方言为主；李治亭编写的《关东文化大辞典》，则主要以辽宁词汇为主，其中收录东北方言词语近千条。这几部词典，方便了人们对东北方言的更深层次的理解，同时也为后面对东北方言的深入研究奠定了良好的基础。

20 世纪 90 年代至今是东北方言研究比较深入的阶段。尹世超编纂的《哈尔滨方言词典》以黑龙江省会哈尔滨作为方言点进行收词，收词约 11000 条。2005 年，聂志平的专著《黑龙江方言词汇研究》出版，该书分十一章介绍他多年来研究黑龙江方言的成果。其另一专著《黑龙江站话研究》系中国社会科学院 A 类重大科研项目“中国濒危语言方言研究”的成果，主要对黑龙江站话的形成、传承、濒危性质和研究意义等做了比较详尽的分析。

目前，东北方言的研究对象呈现多样化特点，更加关注东北方言分区研究。既有以大片的省市级方言片为对象的研究（多以东北方言、吉林方言、辽宁方言、黑龙江方言或者哈尔滨方言为主标题），也有以许多乡镇小片方言点为对象的研究，如《试析梨树方言中的虚语素“家”》《吉林洮南方言的持续体范畴》等。

东北方言，俗称东北话，通常指中国东北（有时包括内蒙古东四盟）境内所使用的汉语。东北地区流通的方言均属于官话，《中国语言地图集》将东北地区的官话细分为：分布于绝大多数东北地区的东北官话、分布于辽东半岛南部及鸭绿江下游地带的胶辽官话、分布在冀北地区以及中俄边境个别地区的冀鲁官话。东北方言尽管分属于三个不同的官话方言区，不过内部差异并不大，特征相近，比如阴平的调值都很低。因此，无论是分属东北官话的沈阳话还是属于典型胶辽官话的大连话，外地人都很容易从中听出“东北味”来。

根据游汝杰等一些学者的观点，大体上东北地区越往南，发音越含糊、“东北味”越浓重。例如东北地区的三个省会城市中，哈尔滨、长春、沈阳的方言依次是前者比后者接近普通话。辽宁省的口音和腔调比较重，而黑龙江省和吉林省以及内蒙东北地区的口音都比较清。造成这种独特现象的原因，有人认为是与关内移民到达东北地区的时间早晚、语言的融合程度各异有关。从清朝末期清政府解除了“禁关令”，到中华人民共和国成立前夕的五十多年间，有近四千万人移民迁入东北地区。但早在康熙年间（1644—1667 年），清政府颁布《辽东招民开垦条例》，二十三年间“移民至东北者甚多”，山东的百姓大多迁至大连和丹东，河北以及河南的百姓大多迁至鞍山、辽阳和营口。这些早期移民定居地以东北南部为主，而后来到东北的百姓只能北上，到更远的地区扎根。于是，越早来到东北的，也就是越靠近东北南部的地区，口音就越重。但与中国其他地区，尤其是南方各省不同的是，生活在东北三省的人们彼此之间几乎不存在语言交流的障碍。

《新编〈中国语言地图集〉》将东北官话分为三片含八个小片：

A. 吉辽片——52 县市。下分三个小片：蛟宁小片，通溪小片，延吉小片。

B. 哈阜片——68 县旗市。下分两个小片：肇扶小片，长锦小片。

C. 黑松片—78 县市。下分三个小片：嫩克小片，佳富小片，站话小片。站话小片在黑龙江省西部，呈零散分布状态。

萨丕尔曾写道："语言如同文化一样，很少是自给自足的。讲一种语言的人与讲相邻语言的或占有文化上优势的人在交际时发生直接或间接的接触，这种交际既可以是友好的也可以是敌对的。可以在平凡的事物和交易关系上进行，也可以是精神价值—艺术、科学、宗教层面的借贷或互换。很难列举出完全孤立的语言或方言，尤其是在原始人中间。"东北历来都是多个民族相互争夺、相互融合的地区，历史上，有包括扶余族、高句丽族、靺鞨族、契丹族、女真族、蒙古族等少数民族先后在这片黑土地上建立政权、繁衍生息，这些少数民族的后裔（如今天的满族、赫哲族、鄂伦春族等）仍聚居在东北地区。民族间相互融合的过程，就是不同的民俗文化相互交流与借鉴的过程，不同的语言之间难免会有"摩擦"留下的痕迹。其次，沙皇俄国、日本帝国主义都曾对东北地区进行过殖民侵略，自然也在语言文化上进行了殖民渗透，中国人与俄罗斯人、日本人在东北混居长达半个世纪的时间。因此，东北方言是中外多民族语言汇聚的结晶，这也使得东北方言有着别具一格的特点。

由于东北方言属于北方方言，因此与普通话之间差异并不大，主要表现在语音方面的调值上。在词汇层面，东北方言中保留了大量具有民族融合痕迹的方言词语，这些词语为东北话平添了一层魅力。而在语法层面，东北方言与普通话几乎没有明显的不同之处。近年来，本山大叔把东北方言推向了全国，引发了东北话热潮，这与东北方言形象生动、富于幽默感和节奏感、具有强大的生命力有着直接关系。

第二节　东北方言的形成原因

作为我国方言体系中的重要组成部分，东北方言的社会地位较为显著，并且具有一定的社会影响力，在对东北方言进行分析和研究的过程中需要以东北文化的传承为基础，其中北京方言和东北方言存在明显的逻辑联系，使用范围有所区别。地区存在明显的差异，与行政区域的变迁存在一定的相关性，另外东北方言也存在许多的内部差异和影响。由于当时人类所生存的地理环境的不同，我国东北地区幅员辽阔，其中平原是整个地区的重要地形，地势相对比较平坦，没有太多的山脉，这种自然地理环境就有利于人们活动范围的延伸与扩展，语言作为日常生活中必不可少的一种交流工具，也得到了更广阔空间的传播与发展，这也是东北方言形成的一个重要原因。而我国长江以南的地区，地形则一直都是以西北平原和中部丘陵地带为主，山地众多，而这些山和丘陵就把其内部划分并形成一个个相对独立且相对比较封闭的语言地理单元，也就是说，因此形成了一种具有不同少数民族特色的不同方言。而生活在我国丘陵山区众多的南方地区，由于山脉的阻隔，人们并不互相来往，因此形成了不能互相交流的各自的地方方言。正因为如此，地理环境的不同造成了人类生存环境的不同，这也正是方言形成的原因，而它也是方言存在差异的原因。

目前来看，我国的地方方言比较丰富且多元，其中客家方言、湘方言、吴方言以及北方方言最普遍，另外还涉及粤方言以及闽方言。作为不同方言的重要代表，东北方言的社会影响力最大，代表着北方地区的政治经济文化发展历程。地域方言主要指的是在某一个地区内被人们广泛使用的一种语言，它是一种具有中华传统语言文化的社会语言现象。语言可以反映一个民族的文化，方言可以反映一个地域性的文化，其中规律也是一致的，前者具有整体性，后者具有局部性。就一般的情况来说，在一定的区域内已经形成了自己的方言，其中都渗透着这种区域性和传统文化的因素，方言俗称地方话，既带有一定的区域性，同时又形成了这种区域性和传统文化。方言与传统文化之间存在一定的相关性，两者共同促进、互相影响，不同区域的方言内容和形式有所区别，相互影响、相互促进，各个地方的民族和人们也就与这些地域性的文化密不可分。在人类文明进程不断加快的今天，方言也产生了明显的变化，存在许多的艺术化表现形式。作为东北地区的重要代表，东北方言的使用范围比较广，其中内蒙古的兴安盟、呼伦贝尔地区以及辽宁省和吉林省、黑龙江省都使用东北方言。东北方言具备了相对较完整的语言系统，具备了与普通话类似的部分，也具备了自身的一些特点。在极其丰富的中国汉语文化体系中，东北方言之所以不同于其他国家和地区的方言，主要是因为，东北方言在历史上深受国内外各个少数民族和国家的影响，东北方言在历史上是广泛植根于东北文化当中的，可以这样说：东北方言是在多种文化的冲击和融合下的重要产物。从地域文化角度看，语言本身就是一个国家或者民族的一种文化符号，而且地区的文化又是一个国家或者民族文化的重要组成部分，所以，地域的文化必须要充分运用该国家或者该民族地区普遍流行的语言——方言来承载、贮藏和传递文化资料，并以此种语言形式作为一个地域文化的一种主要表现形式，充分发挥它对于引导、制约和影响人们工作、日常生活而起到的积极推动作用。简言之，地域文化的基本特质必然要求人们从语言中反映并体现从而得到地域文化，从宏观的角度来看，在丰富地域文化的过程中，方言扮演着重要的角色。通过对地域文化的分析及研究可以了解方言的内部组成部分以及层次结构，两者互相促进、共同发展。其中方言中的地域文化表现形式较为多元，能够通过对地域文化的分析及研究了解方言的具体表现形式和重要载体。语言与文化是相辅相成的。文化是随着人类的活动发展而产生并创造的，文化的种种表现形式也是通过地域环境的不同和人类活动的发展所体现出来的，没有人类活动就不可能有文化活动的产生，没有方言的差异也不可能有地域文化的不同。

东北方言的分布情况。东北方言隶属于我国七大方言区之一的北方方言。说起东北方言，这几年随着东北话的小品、电视剧的迅速崛起，一时间全国人民都认识了东北话。但是东北话不等于东北方言。因为东北方言并不局限于东北三省。作为北方方言的一个分支，东北方言分布于黑龙江、吉林、辽宁的大部分地区以及内蒙古的部分地区。内部还分为三个片区，即吉沈片、哈阜片、黑松片。吉沈片主要分布在辽宁省、吉林省和黑龙江省，哈阜片主要分布在黑龙江省、吉林省和内蒙古自治区东部，黑松片主要分布在黑龙江省，还有内蒙古自治区的少部分地区。可以看出，尽管东北话主要分布于东北，东北也主要分布东北方言，但东北方言和通常理解的东北境内的所有汉语的东北话并不是一回事。两者并不完全重合，当然，这也不妨碍东北方言俗称为东北话。东北方言在语音、词汇、语法方面与普通话有许多相似之处，但有其自身的特点。整体来看，东北方言体系开放，生动形象而又幽默风趣，透过东北方言，更多的是感受到东北人的粗犷和豪放。

第三节　东北方言的社会认同及积极影响

文化离不开语言，文化的繁荣发展需要以语言为基础、为核心，通过对语言的深入分析及研究可以了解文化的具体表现形式，所以语言属于文化的一部分。方言已经成为我国地域文化的主要传播载体，它已经是我们人类推动传递和保护发展我国地域文化的社会资源技术信息的主要传播媒介，这也就是说我国的方言在推动和保护并且弘扬我国地域文化中已经做出了很大的贡献。东北的历史文化可以说既丰富又久远。从民族文化差异角度分析来看，东北地区的少数民族和其他少数民族之间仍然有着较为明显的文化差异。其中，汉族的农耕文化是汉族得以生存和发展的基础及前提，不同地区的渔猎文化和游牧文化存在明显的区别和差异。渔猎文化与传统农耕之间的融合发展备受关注，渔猎、游牧、农耕等文化形式共同发展，成为我国东北地区的重要文化代表以及象征。东北地区的不同少数民族文化体系当中，语言文化及风俗各具差异，农耕、游牧、渔猎功能并重，经济社会格局丰富多彩。直至今天，中国各地受地理环境和地域文化的影响，各民族本不同的文化意识开始融合，形成了共同的文化意识，在相互交融后形成的方言。基于此现状，有这样一句话："一出山海关，都是东北人"。

通过对东北地域文化的分析以及研究可以了解东北方言的形成以及特色，各个民族地区的语言发展比较显著，并且在互相融合的过程中互相促进和共同发展。东北地区的方言文化是一种积极且活跃于人们口头的且具有很大的价值和意义的文化存在。在东北的民间，人们说话，只是把交流内容说清楚，讲明白还不行，要说得生动有趣，才算艺术。所以有的东北方言，只有发音，没有文字。

东北方言是一种活泼且激动的语言，它的幽默情趣，表现出一种形象动感和力量，我们走遍大江南北，一听到东北方言，都感到新颖亲切，并且充满好奇。所以说，在推进人类文明进程的过程中，东北方言的艺术性比较显著，对于中国汉文化是一种丰富性的贡献，给汉文化注入了新鲜的活力。而汉字汉文化不仅在东北各民族之间产生了巨大的凝聚力，也影响了周围的一些国家和地区，发挥了较大的作用，东北方言中包含的文化元素比较丰富及多元，有助于推进人类文明进程。学者在对其进行研究的过程之中，主要以东北地区的区域情感以及地域文化为基础。东北方言的形成并没有固定的规律可循，而是随着时间的推移，受地理环境的影响，地域文化的发展逐渐形成的。它向我们传递的不仅是一种语言文化，更是一种地域文化。东北方言所呈现的社会认同感是不可小觑的，由于东北方言本就是受地理环境不同所影响，致使东北方言有各种不同的文化特征，而这些文化特征便导致了地域文化之间的差异。

第二章　东北方言受多种文化的影响

一方语言是一方文化的根基。不同的汉语和方言中的词语，用汉字书写起来，差别也并没有那么大，各个方言地区的人大致都能够看得懂，但是如果把词语语音化，其语音的差异就很大，相互之间就很难被听得懂了。比方说，东北人听四川人用方言讲电话，我们基本上是听不懂的。

第一节　汉文化对东北方言的影响

东北文化是多元化的，独特的文化形式使得东北地区的文化发展备受关注，能够真正地实现不同的地域特色，更好地彰显地区的文化风格。其中儒家文化是东北汉文化中的重要代表，这种文化形式十分注重对不同种族的有效划分，以更好地实现文化的一步发展。其中，农耕文化所产生的影响比较显著，渔猎文化以及游牧文化也有非常重要的呈现。

先秦时，东北的各个民族还都拥有各自的民族语言，与中原地区的汉语并不相通。这就影响了东北地区与中原地区之间的通畅，不管是官方性的朝贡交流还是民间的语言交流，由于语言出现了隔阂，就很难“走近”及“深入”。这就使得东北各个民族的文化和中原文化之间形成了一道屏障，但是正是由于人类始终处于“活动的状态”，进而逐渐地形成了文化上相互交流与融合，逐步地得到了“统一”，加上人们有想要沟通交流的欲望，所以秦时，才有了“大一统”一说。从秦开始，为了更好地交流与沟通，逐步形成了具有地域特征的东北民族文化不难发现，当时的少数民族受汉文化影响极深，他们积极的接纳汉文化，以汉文化为荣，并且与之融合，最终形成现在所呈现给我们的东北文化中的东北方言，而汉文化在被推广和被使用的过程中可以看出各民族积极响应，因此可以证实：汉文化对东北方言产生了深刻的影响。

当然，汉族文化对东北方言产生的影响绝不仅仅是简单的词汇发生了改变，这其中的细小的影响也不可以被我们所忽略，但是汉文化所带来的是深刻的影响，它对东北各民族的文化中语言的表述方式、语言的结构、构成及逻辑关系产生了深刻的影响。之所以东北话可以被全国多数人理解，正是由于受到了汉文化的影响，与东北各民族语言进行融合最终形成了东北方言，并且可以被大多数人所理解，反之，其他地区的方言不被大多数人所理解也正是因为其没有更多地被汉文化所影响。

第二节　多民族的融合与演变

东北是多民族共同融合发展的地区，又是农耕民族与游牧民族、渔猎民族相互融合的地区。从历史上看，东北地区的交融性比较强，十分注重不同民族之间的繁荣发展。在共同生存以及发展的过程中，不同的文化以及语言实现交流和融合。“东北曰幽州，其镇山曰医巫闾”，“东北”一词最早出现在《周礼·职方氏》，在该书中，黄河与东北存在密切的联系，另外长江流域和黄河流域与东北的发展历程比较相似，都是中华民族在发展过程中的重要象征，是中华传统文化的发源地。

东北地区本是一个少数民族聚居区，世代生活着满族、蒙古族、赫哲族、达斡尔族、鄂伦春族、鄂温克族、锡伯族等少数民族。历史上东北各民族多次入主中原地区，在这期间逐渐出现了民族之间的融合的情况发生，因此也必然会带来语言的融合。

中华传统文化主张“入乡随俗”，农耕文化在中原地区的发展速度非常快，另外游牧文化和渔猎文化也有了进一步的突破，这些都是东北地区的重要特色，两个地区的融合包括两个地区的人员交往、经济往来，甚至是前文所提到的战争影响，

文化就此发生碰撞改变，可即便是这样，东北地区虽受其影响，但并不是全盘接受，而是吸收那些适合自己的文化。因此，语言文化也就在此基础上发生了变化。再从地理环境角度来看，从辽河平原开始，到中原腹地逐渐地向东北推进，并开发了东北地区的核心区域——松嫩平原，此时东北地区已经成为半农半牧的状态，之后逐渐地成为农业区，最后到达三江平原。在此期间，语言伴随着人员的流动，在其相互交往的过程中，受中原文化的影响，发生了变化，最终形成了以汉文化为主的东北方言。

东北地区是一个民族大融合的地区，其中汉族是重要的代表，另外还包含满族、朝鲜族、蒙古族、达斡尔族等。在民族融合、相互交流的过程中，各民族的语言也随之相互融合，发生了一些变化。这一部分，笔者主要通过对满蒙地区民族语言与东北方言的影响及其他民族语言与东北地区方言的相互融合的作用来证实。满语和蒙语直接融入了东北方言，这一点睛之笔，在这样的现实背景下，东北方言的内容和形式更加丰富及多元，能够更好地对不同的文化载体进行分析及研究，体现文化的形象性和生动性，保留着鲜活而又富有生命力。“东北方言是东北历史的活化石”。我们能清晰地看到汉族与满

族、蒙族风俗等多民族融合的痕迹，婚丧嫁娶习俗，共同生活在一个地理空间，共同的生活习俗。所以，以下笔者将与东北方言相关的满语和蒙语词汇大致分为以下几种：

一、直接作为东北方言使用的

在东北方言的日常用语中，融入了众多来自满语的词汇。比如："哈喇"，指肉或油变质；"喇忽"，表示疏忽、马虎；"配"，有讥讽对方的意思，如"你也配？""你配不配？"再如："笨笨拉拉"中的"拉拉"在满语中表示"末尾"；"有一搭无一搭"中的"搭"在满语中有"首领、头目"的意思；"公子哥"里的"哥"在满语中的意思是"少爷"；"藏猫"中的"猫"在满语中是"树丛"的意思："压马路"中的"压"在满语中有"行走"的意思。清代满族入主中原，但一部分人仍在东北地区谋生。随着满汉的合居、交融，居住在东北地区的汉族人开始学习满语，很多满族人也开始学习汉语。因此东北本地人对于东北方言中包含的满语词素，不用翻译就可以知道其表达的意思。比如，"光棍儿"的意思是"单身"；"装蒜"就是"装相"；"勒大脖子"其实指的是"勒索"；"大估景"可以被理解为"大约"。

二、东北地区的一些地名也来源于少数民族语言

"牡丹江"这个词就是从满语的"穆丹乌拉"而来，原意则是弯弯水流的江。"嫩江"是从蒙语而来，意思是翠绿的江。"木兰达河"是由蒙语和满语共同组成的词汇结合而来的，"木兰"在蒙语中是"江"的含义、"达"在满语中是"源"的含义。

当然，不同民族之间的联系和交流非常的重要，这些也是人类文明进程的根源所在，我们无法从单方面上认为只是东北地区少数民族的一些词汇给东北方言词汇带来了影响，东北地区少数民族的文化发展离不开汉族，汉族为这一地区的发展提供了许多的支持及帮助，例如"摆谱"这个名词，我国的清朝统治者在20世纪就开始开放了山海关，东北地区的民众可以互相交流以及合作，积极开垦荒地。自古以来中国人就十分重视宗族和血缘关系，民众在入关的过程之中会带着自己的家谱，同时还会对家谱进行进一步的分析以及研究，了解自己家家谱与其他家家谱之间的区别和差异，在祭祀的过程中东北满族人民十分注重对不同礼仪活动的分析，积极坚持自身的理想信念，逐渐被东北地区的方言所借用，为摆架子、撑门面。

例如"齐齐哈尔"这个词来源于达斡尔语，"落雁"是其原始含义，现被当作东北地区的一个地名使用；"卡伦"这个词则来源于锡伯语，"边防哨所"是其原始含义，同样也被当作东北地区的一个地名进行使用。

东北亚地区内的其他地区的文化也对东北方言产生了巨大的影响。之前提到多民族的融合也使语言出现了融合与碰撞，那么同理，其他国家的人来到东北地区也会带来一些细微的影响，其他地区与我国进行贸易往来，文化交流的过程中无一不对我们的文化产生了影响。受到东北地区地理环境因素的影响，从东北地区的地形来看，是一个开放的平原地区，东北方言体系本就是一个开放的语言体系，并极具包容性，在与外界进行交流以及融合的过程中，文化内容和形式更加的丰富，变得更具有吸引力，也丰富了东北方言。因此，在东北方言中有很多音译词语和外来词语，是与东北亚其他地区的人们活动交往的过程中，吸收部分东北亚地区其他民族语言的文化。例如，东北方言中经常出现的一些外来语，如“列巴”，是对俄语中“面包”的音译，如果按照俄语和乌克兰语来进行分析，那么格瓦斯就代表发酵，乌克兰和俄罗斯地区中面包的发酵程度比较低，主要代表一种与面包一同发酵的饮料，酒精度数相对偏低，类似的还有“榻榻米”，它是一种铺在床板上的草垫，有隔凉、防热的作用，由日语翻译过来的“抠抠搜搜”一词，表示不大方、偷偷摸摸的意思，东北的方言“婆婆丁”也是由日语的音译而来，日语中读 tanpopo，在东北，把蒲公英叫作”婆婆丁”，它不仅可供人们观赏，在早春时期所发出的嫩叶也可以供人食用的，被称为“婆婆丁”。这些都是外来词汇，大多是名词词汇，传入了东北地区，由于疆域的开放、生活中的交流，这些外来词汇本属于东北亚地区的其他民族，但是在生活中被我们所用，所以流传至今，依然在使用。由于它们仅仅是丰富了东北方言，并没有影响东北地区的生活习惯和东北方言的语法习惯，所以它们对东北方言的影响可以说只是丰富了东北方言的词汇。

游汝杰认为：“官话”方言又称北方话、北方方言。根据“古入声今调类的异同”标准，可以把官话大区分为八个区：北京官话区、东北官话区、冀鲁官话区、胶辽官话区、中原官话区、兰银官话区、西南官话区、江淮官话区。东北官话的特点是：古入声清音声母今分归阴平、阳平、上声、去声。与北京官话相比，古入声清声母字今读上声的要多得多；阴平调的调值比北京方言低，多数地点方言无 [ ] 声母，北京官话里的 [ ] 声母读零声母。东北官话分布于黑龙江、吉林两省及辽宁省的大部分地区。

东北方言体系开放，简洁、生动、形象，粗犷豪放而又幽默风趣，因此它显示出很强的生命力。英国语言学家帕默尔说：“语言忠实反映了一个民族的全部历史文化，忠实反映了它的各种娱乐，各种信仰和偏见……语言的历史和文化的历史是相辅而行的，他们可以协助和启发。”东北方言的形成与发展根植于东北文化，东北文化与几千年来中华民族正统的儒家文化的差别是很大的。形成差别的原因是多方面的：东北地区独特的地理环境、多民族融合下的东北方言的产生与发展有着深远的影响。

据《东北通史》记载：东北地区，土地辽阔，疆域广大。在19世纪50年代至20世纪初，东北地区的北部和东北部达外兴安岭以南、乌苏里江以东至海。至近代遭沙俄野蛮掠夺，推动领土达百万平方公里，比现今的东北还要多出20余万平方公里，这就等于推动了另一个东北地区。在这片广袤而肥沃的土地上，几千年来，“多个少数民族在这片土地上游牧狩猎、驰骋纵横，因此，勇猛彪悍、粗犷乐观是生存所鼓励的习性品质。在晚清前，长达一两千年间，东北地区的面积在八方之中居于首位。长久以来，东北地区的农业、商业并不是很发达，人们多从事渔猎游牧业等粗放型的经济生产。

据顾奎相在《东北古代民族研究论纲》中的考证：先秦时期，东北最早形成的燕亳民族文化，以及分布于长白山南系的秽貊民族、长白山北系的肃慎民族和松嫩平原以西的草原民族，进入公元前4—2世纪的战国燕秦和西汉前期之时，其分布又经历了一个具有划时代意义的历史变化。这就是在“汉文化圈”（五郡文化）的北渐和东传的历史进程中，首先在环黄、渤海北岸的东北南部地区，迈入了以燕、秦、汉郡县制为代表的封建帝国时代。在“汉郡”文化的影响和推动下，肃慎、秽貊、山戎、东胡等自先秦时已活动在长城内外、塞上草原和长白山南北的诸民族，与辽河流域的汉郡文化加速交融，在原来具有地域文化特征的基础上，新的稳固的民族文化共同体进一步形成，并由此产生了自秦汉以来，中国东北确定意义上的“四大族系”集团及诸民族兴衰演变的过程。

在两千多年的时间里，不断有内地的汉族人口迁移到东北，通过民族融合 与交流汉语也逐渐成了东北人使用的一种语言。辽、金、元时代中原北方民族大迁徙大融合，女真族居住地迁入了大批来自直隶、山东、中原地区的汉族人，使女真人的语言与北方的汉语不断融合。同时，大量女真人迁至中原地区学习汉语，“以阿尔泰语言为母语的女真人学习汉语并使用汉语，一定会改变汉语的原貌，给汉语带来女真语的影响，对汉语诸种构成要素的结构形成干扰，即雅各布逊托马森等语言学家所说的底层干扰”。按史籍所载，当时东北许多少数民族都使用汉语，汉语成为各民族的通用语言。《大金国志·卷四十·许奉使行程录》：“自黄龙府六十里至托撒学荃寨。府为契丹东寨。当契丹强盛时，擒获异国人则迁徙散处于此。南有渤海，北有铁离、吐浑，东南有高丽、鞊鞨，东有女真、室韦，北有乌舍，西北有契丹、回纥、党项，西南有奚。故此地杂诸国俗。凡聚会处，诸国人言语不同，则各为汉语以证，方能辨之”。

东北各民族在各自的母语基础上学习并使用汉语的母语，这样东北的汉语当中便具有各民族母语一些语言特点了。综上可知，东北方言的形成是民族融合的产物，东北少数民族的方言在被汉语同化的过程中，也改变了汉语的结构，烙下了各自语言的印迹。同时东北方言参与了北京话的形成，相对于普通话、北京话而言，东北方言的多民族特征更加明显，并形成了独具魅力的语言风格与特点。

第三节 关内人口迁入

当不同的文化相互交流的时候，不同的语言亦相互影响。东北的历史具有明显的移民文化特征，从东夷人到渤海国，从秦汉时期的移民迁入到契丹族和女真族入主中原，再到明清时期移民由入关到出关的回流，冀、鲁、晋流民齐闯关东，形成了复杂、独特的东北方言。据历史记载，仅 1920 年至 1930 年间，流入东北的移民就达 600 多万人，这些移民多是从山东、河北闯关东的难民。关内的汉人冲破封禁出关到东北谋生，俗称“闯关东”，形成了东北特有的“关东文化”。受此影响，大量的东北方言来自东北以南（主要是京、津、冀、鲁）的各地方言。山东方言数字词与东北方言数字词有一些是相同的，共存于两种方言中。如：“一把撸”“二八月”“二把刀”“二杆子”“二乎”“三只手”“四仰八叉”“伍的”“百岁”“千层饼”等词，在东北方言中同样存在。“二尾子。”一词指两性人。《醒世姻缘传》第八回：“没的那郭姑子是二尾子”黄肃秋注：“对具有阴阳两性生殖器官的人的称呼。”由此可以看出东北方言词和山东方言之间也是相互影响、相互渗透的。东北方言中的数字词“一槽烂”从北京土语中引申过来。原意指器物不坚牢，坏了不能再修理。现引申为（衣物）不换、不洗、不补，一下子穿坏。“二五眼”一词，共存于天津方言和东北方言中，在天津方言中，“二五眼”就是“不怎么样”的意思，对一件事物不甚了解，只知其一，不知其二，样样通，样样松，就是二五眼；一瓶子不满，半瓶子晃荡。如，这人，专靠二五眼蒙混，可一到节骨眼上，就露馅了；一种生存状态，如，最近生意咋样？二五眼；中庸的理想状态，如：以我本人来说，生活上安于二五眼，能把工作做好也就行了。而且在天津方言中，二五眼在旧时，指代一种发型，即将长发分成两绺，编成辫子，盘成两个圆形，分排在脑后左右，这种发型，就叫“二五眼”。如：你看《春香闹学》，那个淘气的小春香，梳的就是二五眼。在东北方言中，“二五眼”即指“什么事半会不会的”。与天津方言中的“二五眼”一词意义相似，但意义远不及天津方言中的“二五眼”一词丰富，由此可以看出，天津方言和东北方言也是相互渗透。

第四节 周边国家语言的渗透

不同国家之间的贸易往来、文化交流、移民杂居、战争征服等各种形态的接触，都会引起语言的变化。在东北的哈尔滨，与周边国家真正的语言接触是从 19 世纪末至 20

世纪初亚历山大三世时 (1881—1894) 中东铁路的建设和营运开始的，这一时期铁路为沿线地区的经济带来了繁荣和发展的机会，特别是作为中东铁路管理局所在地的哈尔滨无疑受到了极大的影响，老巴夺烟厂、哈尔滨啤酒厂、华英油坊、秋林公司、华俄道胜银行、圣尼古拉教堂和铁路工业学校（后来的哈尔滨工业大学）等经济、文化设施也相继出现在哈埠，俄罗斯语言和文化不断渗透进来。当时，无论中东铁路的华工，还是街上的修鞋匠、理发匠，甚至店铺里的伙计，都能说几句俄语，渐渐的一些音译俄语说法便渗入了哈尔滨人的口语及官话中，其中不少沿用至今。八杂市儿（б а з а р）为“市场”，特指原道里区菜市场，如“逛八杂市儿”。方言词汇能够最直接、最全面，也最客观地反映一定地域的社会文化。

一、俄罗斯文化对东北方言的影响

俄国十月革命之后，其社会主义道路，在中华人民共和国成立前给予许多借鉴，给予政治道路上的指引。中华人民共和国成立后，20 世纪四五十年代，我国和苏联建立了友好邦交，苏联派遣大量的技术人才到东北地区发展重工业，为我们提供资金、技术、人才，东北地区也派出了一些学员赴苏联远东地区。随着人才之间的相互流动，甚至还有两国通婚的现象，东北方言开始受到苏联日常生活的影响，一些俄语进入东北方言。如“大列巴”指的是一种硬硬的面包;“蹲笆篱子”指蹲监狱;“喂大罗”指倒泔水的水桶;“布拉吉”指女士穿的特定款式的花裙子等。

二、朝鲜文化对东北方言的影响

日本对朝鲜及我国东北地区进行殖民统治，这就使一些朝鲜人民被迫向我国东北地区移民，也带来了一些朝鲜风俗习惯，对于东北方言的影响主要体现在饮食文化上，有一些朝鲜传统食物名称进入东北方言，如辣白菜、打糕、拌饭、年糕等，直到现在吉林省延边市还有大部分人使用朝鲜语。

三、日本书化对东北方言的影响

日本的侵略，派出大量移民者进入东北地区，强行对东北人民进行奴化教育，强迫东北人民学习日语，这也就不得不让日语进入东北方言，如“打八刀”是离婚的意思、“婆婆丁”是蒲公英的意思。

第三章　东北方言的特征

第一节　东北方言的生动性和丰富性

一、东北方言生动形象，具有极强的表现力

东北地区的经济结构主要是以农耕、渔猎为主，在这片黑土地上，人们不断辛勤地劳作，劳动促使语言由静至动、抽象至具体转化。东北方言无论是表达情意还是叙事说理，很少用静态的、抽象的词语，而经常使用生活当中那些具体的、可以触摸的形象词语来表达，可以说是由静态语言的转化为动态的语言，由抽象的语言转化为形象生动的语言，不仅语意明朗、表现力感染力极强，而且带有浓厚的感情色彩。例如，东北地广人稀，深山老林，常有野兽出没，因此，在东北语言中常以具体的动物做比，并赋予其各种不同的含义。比如东北人爱东北虎，东北话中虎也多，说“这人虎”，一个“虎”字，形容这人勇敢而又鲁莽，后来引申为不精明。东北人不喜欢“熊”，欺负人叫“熊人”，无能叫“熊货”，贬低样貌或人品叫“熊样”。用“耗子眼”“驴蹄子”“鞋拔子”“猪腰子”等形容人的长相。用猴子的聪明来比喻人，形容一个人心眼多、精明，东北方言称作“猴精”。东北人家里习惯用葫芦来制作成盛水的器皿“瓢”，用“摁下葫芦瓢起来”形容忙于应付接二连三出现的事情（一般指不好的事情）。还有以物喻物的表述方式，比如把抽象的“呆”，就人身说，有“榆木疙瘩脑袋”“死葫芦脑袋”。

二、东北方言风趣幽默、活泼俏皮

东北严寒，冬季漫长，语言风格风趣、幽默。东北冬季寒冷，因此，生活中的娱乐项目匮乏。人们走街串巷，人与人距离感不强，说话方式直接随意，大家很擅长自娱自乐，或者说面对困难时有乐观积极的态度，这造就了东北人直接幽默的性格。这在东北小品中也有所体现，在春晚的舞台上也少不了东北小品，且这种幽默也成为一种潮流。东北方言的幽默体现在很多方面，如喝酒，东北方言中有很多与喝酒有关的流行语，如“东

风吹，战鼓擂，东北人喝酒怕过谁”“我干了，你随意”“感情深，一口闷；感情浅，抿一抿”。还体现在一些俗语上，如“挤猫尿”，是指没有眼泪硬装；“贱呲呲”，形容一个人卑贱。可以看出东北人是很擅长用语言来烘托气氛的。早年大部分东北人生活在农村，冬季农闲时寂寞难挨；夏季在田里劳作，两里长的垄，半天铲不到地头，人更觉得累。于是便说呀、聊呀、唠呀，天南地北，逗乐闲扯，苦中作乐，以此排遣寂寞，解除疲劳。其中更有很多歇后语、俏皮嗑、疙瘩话，经过游戏化、诗化的处理显示出东北方言的风趣幽默，活泼俏皮，诙谐滑稽。例如，表达人们因受到某种刺激而感到非常恐惧，书面语一般是“丧魂落魄”，普通话一般是“吓坏了”等，而在东北你可能会听到“掉了魂”“吓得屁滚尿流”“胎歪了”等等，用俏皮风趣的表达代替概念化的表达；赵本山小品《相亲》台词“这些儿女纯牌儿大逆不孝，就兴他年轻人打情骂俏，连搂带抱，老年人就得一个人干靠”；赵本山、宋小宝小品《相亲》台词“哎呀妈呀，瞅你那损色（sǔnsǎi）”，“损色”意为缺德、不讲究，在小品中来强化调侃、玩笑的意味。

三、东北方言表意具有极大的丰富性

人口的迁移使不同民族、不同区域的人们千百年来共同生活于东北这同一个文化地域之内，相互交流、互学互补、彼此融合，造就了东北方言表意巨大的丰富性。首先一个词用多个词来表现。例如，在东北喝酒可以说“整”“扪”“倒”“抿”“造”“舔”等等，运用这些词汇编出的劝酒词也别具一格，“感情深，一口扪；感情浅，舔一舔”；再比如说打你，也说揍你、捶你、揩（hāi）你，又具体说碓你一杵子、杵你一拳头、揩你一杠子；近义词的丰富无论是从语义的轻重还是感情色彩，都能通过不同的词语显现出细微的差别，比如“逃跑”这个动词，在东北方言有“蹽了”“挣缨子”“撒丫子”，“看”这个动词，在东北北方言有“尥（liào）或瞭（liáo）”“白（白了她一眼）”“摩（mā）挲”，后两个词都有对对方不满或是不尊重的意味。许多方言是有音无字的。

其次，一个词有多种含义。例如“犊子”一词，本意是指“小牛”，在东北方言中有时候带贬义，有时候中性，有时候可能就代表一种亲昵，在不同的语言环境，视关系远近有着不同的词义和色彩，“扯犊子”不是扯“混蛋”，而是闲扯、不干正事；“滚犊子”意思为从眼前赶紧消失，有点不耐烦、咒骂的语气；作为长者爱护甚至于溺爱，那就是“护犊子”；“完犊子”是说人窝囊没用，连牲畜幼仔都比不上。“够呛”一词含义丰富，在不同的语境当中意义不同：难以忍受、难以承受。例：今天跑步，累得很。最后也可以在具体的语境中表示很多更加丰富的意义。例如：“来客人了，整点儿饭吃。”（做）“这点儿小毛病自己就整好了。”（修理）“屋里整得挺干净啊！”（收拾，打扫）“那人烟抽

得厉害，一天能整一包。”（抽，吸）“来，整两嗓子。”（唱）“我和抢钱包那人搏斗，结果他没整过我。”（战胜）

四、东北方言构词方式多样

感情色彩浓厚东北方言是由历史的熔铸、自然的陶冶、劳动的锤炼而逐步形成的，其构词方式与普通话有相似的地方，也有其自身的特点，方式灵活多样，表现出极为浓厚的感情色彩。

普通话的个别字失去了原本的意义，作为程度副词来修饰形容词如“溜”光、“确”紫、“稀”泞、“精”湿。“语缀＋词根”表词义或加重语气东北方言的语缀词非常多，大部分语缀字面上并没有实际的意义，但跟词根搭配起来就有其词义或是起加重语气的作用。如“拉巴”“巴喳”“巴叽”，埋拉巴汰、糊拉巴涂、贱拉巴馊、眼泪巴喳、水了巴喳、傻了吧唧、瘦了巴叽、艮了巴叽；还有一种情况与之相似，但又有区别，几个有音无义的单字组合成一个词，有的只是第一个字或最末一个字有实义，但不形成有规律的词缀，如：“花里胡哨”（形容穿着颜色和种类繁多、又艳又杂、花俏不协调或做事情花样繁多不务实），“半拉克叽”（剩下残缺的一半或未完成的事情），“血哧糊拉”（形容鲜血不断地流淌，很血腥的样子），“滑不出溜”（形容物体表面比较光滑）。

用象声词充当形容词使其极富地域性。如用“嘁哩喀喳”“嘎巴溜丢脆”形容说话办事不拖沓，非常利落、爽快；用“叽里逛荡”形容空荡、不充实；用“踢里噔啷”形容走路不利索，碰到东西发出声音。这些绘声绘色、真切的象声词把所要表达的内容极具特点地表达出来，充分体现出地域特色。

叠声词的妙用。在形容一种感受或是一件事情的时候，东北人喜欢用叠声词来表现，如挤挤插插（很拥挤）、急急歪歪（恼火、生气）、假假咕咕（装假、不实在）、疤疤癞癞（凹凸不平）、缕缕行行（形容很多，且不断地来来往往）、笨笨咔咔（说话不利索，手脚笨拙的样子）、焦焦酸（非常酸）、喉喉咸（非常咸）、涝涝湿（非常湿）。

五、东北方言真实直白，夸张而不脱离实际

很多东北方言来自劳动、生活，人们直抒胸臆，不拐弯、不做作，所以人们用东北方言表达思想感情的时候往往显得尤为真实、直白，略有夸张而又与劳动、生活息息相关，不脱离实际。如形容一个人忙，不说“忙得不可开交”，而是说“忙得脚打后脑勺”或“两脚不沾地儿”，就生活真实而言，无论怎么忙，脚也打不着后脑勺，也不会跑起来两脚不沾地，这就是夸张的说法。说两件事毫无关系，不说“风马牛不相及”，而是

说“八竿子打不着”，这是来自农村的打鸟活动，八竿子都打不到鸟的关系那还不疏远吗？“拽着猫尾巴上炕”意思是人极度劳累，这显然也是言过其实，小猫的力量是微小的，连小猫的力量都要借，显然夸大其词了。形容一个人非常忙，东北人都非常熟悉这样的表达——“脚打后脑勺”，相比之下，“忙得不可开交”等说法，便显得苍白无力了。然而，这种极度夸张的表达方式，来源于生产生活，形成一种既强烈又真实，既夸张又实际的效果。

六、东北方言具有活泼俏皮、幽默风趣、直自辛辣、寓意丰富的特点

很多语句可以直接反映出东北地区的风土人情、社会发展、历史沿革和人民生活的变化。某些句子虽然简短，却充满了情趣，可以神奇般地把对话人之间的距离拉近，令双方都感到亲切和真诚。

（一）短促有力的话语

东北方言语句的典型特点就是短却有力，常常一个字就能表达说话人的意思。如：“去不去？”“去！”或者“要不要？”“要！”又如：饭店服务员看顾客快要吃完了，想问顾客还要不要继续吃，经常会这样问：“还吃不吃了？”“不吃了。”“撤！”南方人经常觉得北方人讲话生硬、不礼貌，而话语简练、干脆正是东北方言的典型特点。再者，东北人讲话通常给人感觉底气足、嗓门大，听起来令人振奋。像有的农村地区的妇女站在家门口，大喊一句“老儿，回家吃饭咯”，全村都能听得见。

（二）妙语连珠的谚语与歇后语

东北方言中一些谚语和歇后语的使用往往会制造出妙趣横生的语言环境。谚语如“针鼻儿大的窟窿斗大的风”“别拿豆包不当干粮”“巧舌头转不出腮帮子”等，时常耳闻。老东北人把他们丰富的生活经验浓缩在这些谚语中，其中也蕴含着东北人民最朴素的生活观念。还有一些歇后语非常贴合生活，也是三言两语就能体现出生活智慧。比如“三九天穿单褂子——抖起来了”“萝卜缨子沾凉水——咋呼起来了”“瓜子里嗑出臭虫来——啥仁都有”等。往往一句话就能说中要害，还能制造出幽默的谈话气氛。

（三）双重语义的问句

“吃不吃饭？”“喝不喝水？”“回不回家？”这样的问句是东北人对话中经常出现的，是问对方是否要做某事。这类问句中，“是”与“否”双重语义并置。如果换成简单的反问句——“吃饭吗？”“喝水吗？”“回家吗？”从语义和语气上就没有前者表达得更完

备，而且前者也更能体现出东北人豪爽、直率的性格特点。

七、语言风格直接、豪放

东北地区的经济结构主要是以农耕、渔猎为主，在这片黑土地上，人们不断辛勤地劳作，劳动促语言由静至动、抽象至具体转化。东北方言无论是表达情意还是叙事说理，很少用静态的、抽象的词语，而经常使用生活当中那些具体的、可以触摸的形象词语来表达，可以说是由静态的转化为动态的语言，由抽象的语言转化为形象生动的语言，不仅语意明朗、表现力感染力极强，而且带有浓厚的感情色彩。例如：东北地广人稀，深山老林，常有野兽出没，因此，在东北语言中常以具体的动物做比，并赋予其各种不同的含义。

东北地区是东部大草原，中部有山丘，内部有黑龙江、嫩江、松花江、大兴安岭等，东北人民就在这片富饶的土地上形成其独有的生活方式。在这一过程中，衍生出渔牧游猎文化。东北旧时生产力落后，人少地多，很多地区没有被开发出来，导致东北地区的农业是粗放型的，粗放型的农业形成了豪放的生活习俗，比如，“大碗吃肉，大口喝酒”。这也直接影响了东北人的说话方式，是豪放不羁的。比如，“整”这个字，在东北地区是一个泛义动词，泛义动词是指一个动词可以衍生出很多意思，“整”这个字就体现了东北方言的省力直接。比如，“这事咋整”“今天整点肉啊”等等。

东北方言之所以被我们称之为东北方言，是因为它与现代的普通话不同，但尽管如此，东北方言却是与现代普通话最为接近的，本书的开头笔者曾经提过“东北方言与北京方言是同根同源的兄弟语音”，东北方言是隶属于官话的，地域上的间隔和接壤关系使得东北人的谈吐和说话方式口音更加接近于现代的普通话，尤其是越往北越标准。不管你来自哪里，东北方言都是我们所能听懂的，但南方的方言它不一样，如果你不是当地的人，他们一旦说起话来，我们可以说是一点都听不懂的，这就给近些年以来东北方言在世界各地和中国的广泛传播发展提供了一个必要的条件。东北话很具有传染性。

地域文化与方言之间的联系和互动比较紧密，通过对地理区域条件的分析及研究可以了解文化发展的全过程，作为我国最大的平原，东北平原的发展速度越来越快。其中东北地区会受到地理区位条件的影响，因为有得天独厚的地理区位元素，所以东北地区的民众很难逾越。另外，在世界地理上，东北地区与日本相隔较近，这种地理上的屏障使得东北与西部地区之间的差距越来越明显，很多西部地区可以积极地引进更多的新鲜元素；从文化交流的角度上看，东北地区具备良好的传统文化流通条件，地理环境的差异导致人们的生活风俗及生活习性存在不同，最终导致历史文化的差异。另一方面，从东北史中我们也不难看出，“闯关东”而来的农民蜂拥而至，大批占据土地，带来的旧地方言在东北地区大面积地区保存下来，闯关东的山东人、河北人等方言一部分保留在东北方言里，很大程度上都已经慢慢融入东北方言之中了。

第二节　东北方言的特殊表达形式

近二十年来，随着东北方言喜剧小品和影视作品的热播，东北方言已经为国人所熟悉。国内众多学者对东北方言喜剧作品中的言语幽默现象进行了研究，但是对东北方言幽默的成因、存在形式、定义、特点、种类等诸多问题迄今没有比较深入、系统的理论阐释和现象分析。本节选取东北方言幽默这个跨学科的综合性课题，对其进行较为全面的研究，既有语言学、方言学和幽默理论等方面的理论价值，又有现实生活中的应用价值。

一、幽默的定义

“幽默”一词来自拉丁语中的“humour”，是“体液”的意思。不同的人的气质，决定于不同的体液。这种“气质体液说”统治了西方将近两千年，直至 16 世纪末，人的某种特殊的气质、倾向、爱好，尤其是怪诞的脾气，也可称为“humour”。1598 年和 1599 年，英国著名戏剧家本 · 琼森创作了喜剧：Every Manin his Humour，其中的“humour”具有了现代富有人文精神和情趣的含义。17 世纪英国喜剧家康格里夫在试图确定幽默的含义时发出感慨：“有多少人，就有多少意见。”

[1] Stenberg 干脆说：“试图为幽默下定义本身就是幽默的定义之一。”

[2] 美国著名社会学家乔治 · 桑塔耶认为：“我们所说的幽默，其本质是——有趣的弱点应该和可爱的人性结合。不管人家有多么的荒唐，然而，我们所应该摒弃的这种滑稽状态，似乎反而使得他的性格更为可爱。幽默也是如此：痛苦的暗示使人感到痛苦，所以必须有一些可爱的因素重过它。”

[3] 中国古人并不缺乏幽默感，先秦诸子行云流水般的文字里面随处可见嬉笑怒骂的恣肆纵横。最早关于幽默的评论见于《诗经 · 卫风 · 淇奥》：“善为谑兮，不为虐兮。”这句话被林语堂引用作为幽默的释义。从公元前八世纪（西周末年），宫廷中出现了“俳优”，这些“优”即是中国最早出现的专门创作和演出滑稽戏的幽默家。《史记 · 滑稽列传》中记载了当时的“滑稽”人物，皆“谈言微中，亦可以解纷”，“善为笑言，然合于大道”。至南北朝时期滑稽诗体已成型。古代的“滑稽”既包含了幽默的笑，也包含讽

刺的笑，与西方传统的幽默理论研究中关于幽默的范畴是相等的。我国古代对于笑和喜剧的研究，被冠以“滑稽”之称。随着现代“幽默”一词被“幽默大师”林语堂引入汉语，“滑稽”一词的词义中便不再包含幽默的意味了，现代的幽默“犹如中文之“敷衍”、“热闹”等字亦不可得西文正当译语。最近者为“谑而不虐”，盖存忠厚之意。幽默这所以异于滑稽荒唐者:在于同情于所谑之对象。人有弱点，可以谑浪，己有弱点，亦应解嘲，斯得幽默之真义。”

当代中国，学术界和文艺界有许多学者、作家对“幽默”下了定义：京味幽默艺术家老舍先生认为:“据我看，它首要的是一种心态……是由事事中看出可笑之点而技巧地写出来。他自己看出人间的欠缺，也愿使别人看到。不但仅是看到，他还承认人类的欠缺；于是人人有可笑之处，他自己也非例外，再往大处一想，人寿百年，而企图无限，根本矛盾可笑。于是笑里带着同情，而幽默乃通于深奥……和颜悦色，心宽气朗，才是幽默。”谭达人认为，幽默就像我们日常所见到的喜剧，是由人为着一定的目的而创作的能引人发笑的作品。孙绍振倡导的是一种幽默的人生，认为幽默是应该时刻伴随在每个人身边的，它是一种乐观豁达的人生观，是化干戈为玉帛的处世法宝，是健康快乐的秘诀，是生活的状态。胡范铸认为幽默是一种精神现象。这一精神现象有广义、常义、狭义三个层次。

幽默是以笑的外表和智慧的内涵潜伏在人类世界里，它无处不在，随时随地准备出现。我们可以从生活中的一举一动、一言一行中体会到幽默带给我们的快乐与轻松。有幽默感的人的身边总是不缺少笑声，他的人生就是一出永不谢幕的喜剧。

（一）幽默的种类

每个民族的传统和文化各不相同，形成的幽默的风格也有所不同。“在跨文化交际过程中，言语幽默的失败除去语言理解的因素以外，其中最大的原因在于没有对对方文化内涵的充分把握。”例如我们常说的“西方幽默”其实并不能代表一种幽默的风格，这是由于西方各个民族的风俗文化的差别而导致的幽默的风格也是迥异的。许多学者都依据幽默的不同风格来分类，如谭达人将幽默分为交际幽默、讽刺幽默、纯幽默和黑色幽默四种类型;孙绍振认为幽默的种类有硬性幽默、软性幽默、干幽默、荤幽默、素幽默、黑幽默等;薛宝琨把中国人的幽默分为软幽默、硬幽默、中性幽默。综合学者们的观点，本书将幽默分为冷幽默与干幽默、软幽默与硬幽默、中性幽默、热幽默六种：

第一，干幽默与冷幽默。

干幽默（dry humor）是美国人用来指称美国式幽默的，这种幽默的风格强调的是说者的不动声色、特别平静地等待对方意会，无论对方意会与否，都不能流露出逗趣的表情。希腊文的 humour 的原意和人的体液有关，有幽默感的人是“湿”的，相对的“干”指称的是没有幽默感的人，汉语里也有“干巴巴”的说法。孙绍振认为：在干幽默的情境中，说笑话的人脸色是十分庄重的，不能直接流露出任何嬉皮笑脸的样子，不论对方领会与否都不动声色。马克·吐温认为干幽默的场面是“可怜的”，因为观众无论是否理解他的幽默，他都不能加以解释。

这种幽默风格的特点是消灭了自己的感情，并不强调人际沟通的功能。虽然干幽默是用来指称美国式的幽默，但是中国人的幽默也有类似的风格。例如清代《半阉笑政》中认为讲笑话忌“先笑不已”，戏剧作家、理论家王骥德说过：“善说笑话者，不动声色，而令人绝倒方妙。”同样的幽默风格在中国却不宜称为“干幽默”，因为中国的“幽默”内涵与古代的“滑稽”一脉相传，而与西方幽默的“体液说”是无关的。本书认为中国人“不动声色”的幽默风格不妨称为“冷幽默”。中国的冷幽默很常见，如清代陈皋谟著的笑话集《笑倒》中记录的笑话里冷幽默居多，如一个人在朋友面前捉了一个虱子，觉得不好意思，为了掩饰，把虱子丢在地下，吐口唾沫说：“我还以为是个虱子呢！”朋友看了，从容地把虱子拾起来端详着说：“我还以为不是个虱子呢！”冷幽默中的“冷”既是指说笑话的人表现得不动声色，也反映了讲笑话者的冷静和机智。薛宝琨认为：中国古代文人的幽默重理性，多喜老庄之学，清淡与玄学成为魏晋以来文人风度和情趣的所向。而后佛学兴起，祥宗和释理也多与儒道相渗透，追求体验和辩证的文人的思维方式，也多在“顿悟”中领略生活的哲理。文人的这种甚超脱、讲情趣、性温和、囿于知识阶层的狭窄生活范围，多在语言与文字之间游戏的幽默风格。这些都是属于冷幽默的范畴。

第二，软幽默与硬幽默。

薛宝琨先生（1988）认为：软性幽默是一种温和、含蓄、蕴藉的深层次幽默。它唤起的是理性的愉悦，领先由表及里的开掘和由此及彼的想象，通过联想把握事物的本质、矛盾诸因素之间的联系，从而在悟性中体味话外之旨、弦外之音，所谓“言有尽而意无穷”，正是软性幽默的特征。硬性幽默盖指色调鲜明、风格粗犷、情感酣畅，内容也多以讽刺性见长的幽默。众所周知的苏东坡与苏小妹的对诗：“数次拭脸深难到，留却汪汪两道泉。”是哥哥对妹妹眼窝深的嘲笑。“口角几回无觅处，忽闻须内有声传。”是妹妹对哥哥络腮胡须的讥讽。“迈出房门将半步，额头已然至庭前。”哥哥再次戏谑了妹妹的“奔儿头”。“去年一滴相思泪，今朝方流到腮边。”是妹妹还击苏东坡脸太长了。虽然兄妹二人互相讥讽对方，却让人感受到兄妹间的相互爱护之情。如果改成互相攻击对方是“深眼窝、大胡子、奔儿头、大长脸”只怕不仅幽默感尽失，也有“人身攻击”之嫌。

这种幽默是软硬兼施的，也是最难能可贵的，正是因为其难得这些诗句至今仍然为人们津津乐道。就连幽默大师孙绍振先生都不免感慨："不但中国很少有人能在这种境界中达到自如自由，而且就是十分强调幽默的美国人也很难达到得心应手、随心所欲、左右逢源的境地。"

幽默的本性是宽厚的，能够在对抗中使用幽默本身就需要使用者具有良好的幽默心态，所以这软、硬两种幽默的风格往往很难一分为二。如孙绍振先生所云：所谓软，就是要从硬性对抗中超脱出来，这就需要一种切实可行的办法。因此，幽默的软与硬，只是相对而言。我们认为，硬幽默的攻击性是相对于软幽默中的亲密性而言的，因为幽默本身就具有缓解冲突、钝化矛盾冲突的功能，所以与指责、谩骂相比，硬幽默的软化功能也是不言而喻的。

第三，中性幽默。

优伶是中国古代滑稽表演的始祖，后来多豢养于宫廷之中，作为统治者的玩物，称为"俳优"以调笑为本领，"优语"具有幽默的色彩。薛先生认为优伶的幽默属于中性幽默，介于软性幽默与硬性幽默之间。其特点是"顺势而攻"。也就是"投其所好，攻其所蔽"。不正面直接否定对方的谬误，而是沿其逻辑引申发挥，在放大其谬误实质的同时，使其自悟。例如:《西阳杂俎续集》中的记载：

元宗尝令左右，提优人黄幡绰入池复出。幡绰曰："向见屈原笑臣，尔遭圣明，何遽至此？"

黄幡绰假曲原之口虽然称赞他是"圣明"却巧妙地指责了元宗无道，这种机智既保全了自己，又隐刺了元宗。这种通过荒唐的言行表现出曲婉的讽刺，把犀利的锋芒掩藏于滑稽情态之中，可称为中国式幽默的历史传统。

第四，热幽默。

热幽默主要是相对于冷幽默的讲者"冷静、不动声色"和听者的费力理解而言，热幽默的特点是言者眉飞色舞、妙语如珠，听者即使是没有十足的幽默感，也会被感染到说者的热情与欢乐从而会心而笑。就软幽默与硬幽默的类型来说，热幽默中更多的是具有软幽默的亲切感、戏谑性、达到获得人与人之间情感的沟通的目的，而绝少硬幽默中的讽刺与对抗性。从思维方式来说，热幽默缺少干幽默的理性与缜密，热幽默是一种感性思维的幽默。本书认为东北人的幽默风格是热幽默，这是由东北方言的特点与东北人个性所决定的。

（二）幽默的特点

综上所述，幽默的特点概括起来包括：冷幽默的机智、冷静和文雅；干幽默的不动声色；软幽默的温和含蓄；硬幽默的犀利粗犷；中性幽默的曲婉讽刺和热幽默的滑稽。

（三）幽默研究相关理论回顾

第一，幽默语义脚本理论。

美国著名幽默语言学家阿塔多（Attardo）认为，在众多的言语幽默理论中，他在1985年创建的幽默语义脚本理论（Semantic Script Theory of Humor）（SSTH）是最适合用于方言幽默的解释。阿塔多提出了笑话表征的五层模式，分别是表层、语言层、目标+情境层、模板层和基本层（脚本对立和逻辑机制）。这五层的顺序是依据语言学中句子形成从意义到声音的理论排列的。SSTH主要假设：⑴如果⑵中两个条件都得到满足，一个文本就可以被视为一个含有笑话的文本。⑵ (i) 文本全部或部分地与两个不同的脚本相匹配 (ii) 与文本相匹配的两个脚本在某种特定意义上是相反的。与文本相匹配的两个脚本在这个文本中全部或部分重叠。歧义和矛盾是这种触发机制中最主要的两种。下面的笑话是阿塔多最得意的例子：

"Is the doctor at home?" The patient asked in his bronchial whisper. "No," the doctor" s young and pretty wife whispered in reply. "Come right in."

脚本是与词汇项（lexical item）直接相联并且也是由这个词汇项所激活的。笑话包含"医生"DOCTOR（去看病）和"情人"（去见情人）LOVER两个脚本，与两个脚本都匹配的"耳语"（whispering）这个成分把两个脚本联系起来。妻子要病人进来的邀请明显违反了语言交际的量准则，成为从第一个脚本到第二个脚本转换的枢纽。

第二，语域理论。

韩礼德（2010）认为，语域是根据不同使用语境而改变的一种语言的功能变体：正式的或随意的、技术的或非技术的、更开放的或更封闭的。从语言的使用角度看，情景语境中有三个因素最为重要，它们影响着我们的语言使用。这三个因素是：语场（field），基调（tenor），方式（mode）。一般认为，这三个因素是情景语境的组成部分，称为语域变体（register variable）。语场指的是正在发生什么事，所进行的社会活动的性质，语言所谈及或描述的是什么。基调指的是谁是交际者，他们的基本情况、特点、地位、角色等，参与者之间的角色关系，他们的基本情况、特点、地位、角色等，参与者之间的角色关系（role relationship）。方式指的是语言在交际中所起的作用，包括交际渠道和修饰方式。

第三，合作原则。

美国语言学家格赖斯（H.P.Grice，1975）曾提出一套合作原则CP（Cooperative-Principle）来解释真诚交际模式（mode of bona-fide communication）下人们的谈话顺利

进行的原因。格赖斯认为交际中的说话人不仅是说什么，而且通过所说的还蕴含着什么。为了保证会话的顺利进行，谈话人都要遵循一个（组）目的，就是都要采取合作的态度，这个共同信守的原则就称为“合作原则”：

A. 数量准则（Quantity Maxim）：提供适量的信息

(a) 根据需要提供信息

(b) 不能提供不需要的信息

B. 质量准则（Quality Maxim）：尽量说真话

(a) 不要说自己认为是谬误的话

(b) 不要说自己缺乏足够证据的话

C. 关联准则（Relevant Maxim）：说话内容要贴切

D. 方式准则（Manner Maxim）：表达清晰明确

(a) 避免表达晦涩含糊

(b) 避免歧义

(c) 讲话简要（避免赘述）

(d) 讲话要有条理

然而，人们往往并不严格地遵守上述准则，甚至有时人们会有意地公然违反某（几）项准则来达到特殊的目的，如出于礼貌的原因、为了维护听话人的面子。非幽默的交际方式可以维护听者的面子，然而，当幽默的言辞和礼貌的因素相结合时，往往可以达到更好的效果。在幽默的交际中，说话人占主动的地位。为了同听话人建立或巩固良好的人际关系，说话人不仅仅用幽默维护自己的面子，也会借助幽默的工具来尽量保全听者的面子，因为听话人的社会形象也时时刻刻受到说话人的关注。这一理论认为，人们通过有意违反以上四条准则来达到幽默的目的，来实现维护他人面子等功能。

第四，幽默的二重逻辑错位律。

这一理论是我国著名文学理论家孙绍振提出的，他认为幽默的笑，不仅仅是由于单一逻辑的不一致导致期待的落空。落空只是按一条思路或逻辑的惯性，道理暂时讲不通了，可是如果就在这条思路落空之时，另一条思路或逻辑又冒了出来，道理又讲通了，或者说又落空了，这时的笑就提高了层次，就很幽默了。这种落空与落实的交替说明：幽默逻辑与通常的理性逻辑不同，它不是一元逻辑，而是二重复合逻辑。这种二重逻辑的交错，违反了理性逻辑的基本要求——概念和思路的一贯性（或者“同一律”）。康德、叔本华和柏格森都注意到了内容歪曲的不一致的方面，却忽略了模式上的巧合。幽默逻辑“错位”是形式上的严密，在内容上是不能讲究严密的，哪怕它是荒谬的，只要在模式这一点上讲得通，其他方面再大的矛盾都忽略不计。

二、方言与东北方言

（一）方言幽默

①方言幽默的概念

在语言学领域“方言幽默”（dialect humor）指将方言视为承载幽默的语言实体。“方言幽默”这个术语多见于文学和喜剧领域，指的是使用方言作为幽默机制。拉科夫认为：“方言被社会成员在日常生活中所使用，作为一种交流工具，人们使用它来与妻子争吵、同朋友开玩笑和用来欺骗他们的敌人。幽默的语言学研究在语言使用的理解上取得了显著的进展；方言幽默是这类理解的另一个方面。”美国幽默文学先驱沃尔特·布莱尔（Walter Blair）在 1937 号召将方言幽默看作是美式幽默的一个必不可少的组成部分。布莱尔认为，美式幽默的主要代表——19 世纪马克·吐温的作品就是通过使用大量的方言作为幽默的手段。现代的脱口秀表演和情景喜剧中也将方言幽默作为表演的一个重要部分。在我国，方言幽默已经成为一种潮流，被大量应用在日常表达、文学作品、舞台小品或是在一些影视喜剧作品中，主要意图是娱乐和幽默。

②方言幽默的特点

方言幽默是一种言语幽默，是一个言语社团内部形成一种独特的言语幽默的风格。由于方言本身与口承民俗有着密切的关系，因此方言幽默的特点是“俗”幽默。这种幽默的风格受到文化与方言特点及使用者性格等多方面的影响。因此对方言幽默的研究，要探讨该方言在形成过程中的历史文化，与使用方言的人的性格。尊重现实、实事求是，从方言的各种存在形式如民俗文化、文学、地方戏曲、民间故事等多方面去挖掘幽默在其社会的作用与功能。

③方言幽默研究文献综述

国外关于方言幽默研究的论著主要有阿塔多（Attado）在 1994 年出版的 *Linguistic Theories of Humor*（《幽默语言理论》）中将他创建的幽默语义脚本理论（SSTH）与格赖斯合作原则结合，提出了幽默准则。阿塔多（Attardo）与拉斯金（Raskin）于 1991 年共同发表在《国际幽默研究杂志》的一篇文章 *Script theoryrevisited: joke similarity and joke representation model* 中发展了 SSTH 理论，创建普通言语幽默理论 GTVH，拉斯金认为该理论包括了所有的幽默形式。该理论把方言幽默放在了一个非常重要的位置上，并对其形成的机制进行了探讨。拉斯金的弟子美国 Purdue University 博士珍妮莉（Barrett Jeanelle）在其博士论文 Dialect，Stereotype and Humor: Linguistic Variation and Its Place in Humor Studiesthe Lens of Mark Twain” s Dialect Humor 发展了老师拉斯金的众多理论中关于方言幽默的理论，通过马克·吐温作品中方言作为幽默机智的探讨，将板印象与方言幽默理论联系起来，对喜剧作品中的方言刻板印象与方言模仿等幽默手段的关系进行探讨，并对方言幽默在实际方面如商务领域及教学上的应用做了探讨。但这篇论文是基于美国方言幽默的背景下进行研究的，虽然视角较为局限，但是为其他方言幽默研究提供了重要的理论基础。蒋冰清在其专著《言语幽默的语言学分析》中对幽默俚语进行了阐释，他认为幽默俚语是区别于标准幽默语言的形式：标准幽默语言的形式要求比较高，不但需要读完整个故事，而且还需要读者了解其中的背景知识。而俚语的幽默却直接表现在某个词或词组上，通过忘形的变化或组合，通过修辞的运用，如类比、委婉语、夸张等，读者一见，就心领神会、忍俊不禁。

（二）东北方言幽默

东北方言幽默是指以东北方言为载体的幽默表达风格。东北人热爱幽默，东北方言幽默的风格是由东北文化和东北人格特点决定的。幽默在东北人的社会交往、戏曲表演等诸多方面都起着重要的作用。国内目前语言学领域专著中鲜有将方言幽默作为对象的研究。秦海燕、曹凤霞著《东北方言的话语模式研究》（济南：齐鲁书社，2008）研究东北方言的言语交际规律和交际策略，完成了对东北方言话语行为和话语模式的研究和考察。对东北方言的“招呼类”言语行为、“批评类”言语行为、“玩笑类”言语行为以及“阐释类”言语行为的界定、特征、机制、语效等方面进行研究，并且探讨了东北方言是一种“非自愿话语系统”。这本著作填补了东北方言研究的空白，其研究成果也将作为本书的一个重要依据。韩力扬、杨凯的论文《方言幽默话语解读中的预设分析》（石家庄：河北工程大学，2010）将语言学中的预设理论对方言幽默的形成机制进行阐释，将方言幽默视作一种言语行为，并把方言幽默预设分为“语用预设”和“对比预设”两种类型，认为人们只有了解某言语行为或是了解进行对比的两种方言才能产生幽默理解。国内学者对东北喜剧作品中的幽默语言有较多的研究。如朱秀玲《用关联理论分析赵本山小品中的幽默》（合肥：安徽文学，2009）和张俊强的《用关联理论解读赵本山小品中的言语幽默》。

三、东北方言幽默的表现形式

东北方言是东北文化的重要组成部分，直观映现了东北的历史、自然、生产生活方式、人格特点等因素所构成的地域文化信息。在东北历史文化影响下东北人形成了乐观的性格，笑成了人们在生活中面对一切困难、挑战的一种常态。正如乔治·桑塔耶那对幽默本质的论述，幽默是为了避免一切痛苦的暗示，而滋生出的可爱的因素。东北人乐观、开朗的个性在东北方言的表达中形成了幽默的风格。周福岩认为:“作为一种文化体系，东北民间的笑谑艺术对于建构东北人的日常思维乃至促成他们日常生活的再生产来说都是一种不可忽视的重要因素。”东北民间的笑谑艺术体现在以东北方言为载体的各种言语表达形式中，它存在于在东北人日常交际的使用的熟语中，存在于东北人民喜闻乐见的民间曲艺中、存在于记录了东北传说与信仰的民间故事和反映东北人生活形态的文学里。今天东北喜剧作品的流行让东北方言幽默红遍了大江南北，征服了全世界热爱快乐的人们。这一部分将对东北方言的各种存在形式进行梳理，从中提炼出东北人民生活经验与智慧的结晶——东北方言幽默。

（一）饮酒辞令

东北方言熟语离不开东北的社会文化，文化渗透在生活的各个方面，在人们的观念里，凡事有“文”必有“化”。如东北人以善饮闻名，而众所不知的是与酒量比起来东北人饮酒的辞令才是真正让人称奇的。劝酒往往成了东北人显示口才与比试智慧的一个重要场合，劝得好便可以把对方说得心服口服而畅快地一饮而尽，如缺乏这种能力则只有在对方辞令轰炸下“醉卧沙场”了。劝酒的习俗缘自东北人的待客之道。在一年有大半年是冰天雪地的东北地区，喝酒是东北人取暖的措施之一，因此招待客人当然更是“无酒不成席了”，一句东北熟语便可道清东北人待客之道:“有酒无菜不算慢待，有菜无酒不够朋友。”没有酒，即使席面再丰盛也算怠慢客人了。每当有客人到来都要把自己最好的食物一股脑地搬出来招待。好东西宁可自家不吃，给外人吃，这叫“家吃填坑，外吃传名”，如果客人觉得很满意并且认为主人很“实在”，这就是对东北主人最大的回报了。

第一，劝酒辞令的幽默。东北方言中的饮酒辞令是东北人在酒意正酣时顺手拈来之作，大都是通过替换现有的古诗词、歌词、流行语中的某个词或语素的方法仿拟新的表达实体，或是通过对醉态、饮酒者的窘态进行调侃，使听者感觉既可笑又很贴近生活，因而无不捧腹而笑。“喝的不是酒是感情。”这句话是对网络流行语“我V的不是N1，是N2。”句式的仿拟。其中V+N1=VP，V与名词N1构成的是一个动词短语VP，如喝+酒；N2是说话人语义所表达的对象，如感情。“东风吹，战鼓雷，今天喝酒谁怕谁！”是对“东风吹，战鼓擂，战斗英雄逞英豪！”的仿拟。这里将酒场比战场，豪爽气势可见一斑。“酒肉穿肠过，朋友心中留！”是“酒肉空肠过，佛祖心中留”的仿拟，本指的是活佛济公，看来喝起酒来就赛神仙了。“路见不平一声吼，你不喝酒谁喝酒？”“路见不平一声吼，该出手时就出手”，是电视剧《水浒传》的主题歌，这句劝酒辞里透着梁山好汉的英豪气概，谁会不喝呢？

“锄禾日当午，汗滴禾下土；连干三杯酒，你说苦不苦？”是对古诗的仿拟，东北人喝酒时罚酒的情况很多，被罚的人进行的自我调侃。“半斤不当酒，一斤扶墙走，斤半墙走我不走”是对酒后醉态的调侃。“客人喝酒就得醉，要不主人多惭愧”是针对东北主人热情好客的劝酒习俗，针对客人的调侃。“人在江湖走，哪能不喝酒”是对身为东北人面对酒文化时的无奈心理的调侃。“酒逢知己千杯少，话不投机大口喝”是对“酒逢知己千杯少，话不投机半句多”的仿拟，指的是只有对知己才会把酒言欢，对话不投机的人半句话都多的，可是话锋一转打破了人们对“半句多”的预期，期待落空后人们寻求新的解决方案——“大口喝”，与原句的语义相矛盾。原句中只有对知己才会把酒言欢显得有些小气，在大度的东北人眼里，话不投机也没关系，只要能大口喝酒就是知己了。“我干了你随意。”这是近年来东北人常用的劝酒辞。也许是因为受到了外来观念的影响，东北人逐渐意识到劝人喝酒显示热情友好的同时也为对方造成了一定的困扰。这句话既显示了劝酒人的热情又尊重了对方，可谓是众多劝酒辞令中最得体的一句了。但是这句辞令却往往被说成是“你干了我随意”，说话人不仅放弃了原句的得体性，而且听者会发觉到这句话是明显违反合作原则中的方式原则的，目的是劝对方喝酒。同时，又违反了礼貌原则中使自己损失使对方获利的要求，但是听者在分析的时候会发现，说话人的真正意图并不是真的没有礼貌，而是借此表达对被劝方的友好与亲密。其实劝酒的人是不会“你干了我随意的”，当他将自己的酒一饮而尽时，对方发现劝酒辞令违反了质的原则，便领会了其中的幽默。东北劝酒辞令不胜枚举，其目的是烘托气氛、彰显热情，当然最重要的还是东北人显示自己的智慧与幽默感。

第二，被劝酒者的幽默。既然东北人劝酒的辞令最重要的原则就是幽默感，那么如果一言既出举席皆笑，那此君必为众人刮目相看；相反，如果是“硬劝”就显得没有幽默感了，对方很可能会“不买你的账”。因此，东北的酒文化中较量的不是酒量而是智慧与幽默感。劝酒辞令通常是劝酒者行的酒令，目的是劝他人喝酒；如果被劝酒者无言以对把酒一饮而尽的话，总也不如开动脑筋反过来幽劝酒人一默！如：感情深，一口闷；感情浅，舔一舔。把劝酒的话编成合辙押韵的顺口溜听起来轻快、诙谐，可内容却没那么轻松了，因为谁也不想认为与对方的感情是浅的，所以手里无论拿着多大的酒杯（碗）都要满满一饮而尽了。这里要说的是被劝者——但是当劝酒人与被劝的人关系是亲近的好友时就十分有趣了，假如被劝酒的人端起酒杯问劝酒人：“感情浅舔一舔就可以了吗？”果然舔一舔便放下酒杯，那么在劝酒辞令建立起的语义框架内大家遵循着礼貌原则还在期待着这对感情深的好友“一口闷”时，看到的却是被劝方明显违反礼貌原则的举动而导致期待落空，由于两个人好友的关系而最终让众人产生了幽默理解。当然语境在这里也起着决定作用，只有当所有人都知道劝酒的人与被劝者是非常亲密的好朋友时才会产生幽默效果，否则就仅仅会被看作是违背了礼貌原则的行为。被劝的人巧妙地将难题抛给了劝酒的人，举桌的人都会饶有兴致地观看劝酒人的反应，劝酒人的窘态最终会把大家逗乐。

再如："喝倒不如喝好。"这句话的本意是劝诫大家不要喝太多的酒，适可而止方好。这句话虽说有理，但是如果被劝酒者说出来用以拒绝喝酒，总是显得生硬有余而幽默感不足。这时就考验劝方的才华了，被劝方可以说："我酒后好作诗。"趁势作歪诗一首来奚落劝酒的人，这样大家会因劝酒人的"自取其辱"而乐不可支，同时也会被"诗人"的才华所折服；同样，也可以唱歌、跳舞、讲故事。总之，要将自己的才华尽情地展示一番方才有趣。谁说到东北真的一定要喝倒呢？来时夫人有交代，少喝酒来多吃菜。传统的东北男子汉把怕老婆当作一种耻辱，可为了少喝这一杯酒，摊了自己的底牌。看来劝酒人的猛烈攻势，引发了被劝者的无奈的自我调侃。

当然，现实中东北的饮酒辞岂止这几种？东北人的幽默和机智又岂是数条理论框得住的？但是让外部世界了解东北文化、了解东北人的幽默最直接、最准确的就是了解东北人的劝酒辞令。沉浸东北的酒文化中感受到的是同东北的高粱酒一样的热情和火辣，酒文化已经是东北文化一个重要的组成部分，劝酒辞令也是东北熟语中的特色部分。东北人在喝酒的时候，让对方醉倒并不是目的，东北人喝酒与其说喝的是酒，更不如说喝的是一种火爆欢乐的气氛；与其说比试的是酒量不如说比试的是机智与幽默感。

（二）东北方言的熟语

《辞海·语言文字分册》对"熟语"下的定义是：语言中定型的词组或句子。关于熟语的指称范围，崔希亮认为：熟语是一个上位概念，它的范围很大，凡是固定用法、习惯用法、现成的词组或短语都在熟语的范围之内。武占坤认为：人们熟悉熟语的通常是"成语""谚语""俗语""歇后语""惯用语"等，这些汉语固有的称谓，这些语言现象，成因相同，语貌类似，共性很大，"熟语"是一个词汇学术语，是以上这些语言片段的总称。幽默形成要素和手段丰富多样，熟语是构成东北方言幽默的实体要素。东北方言中大量的惯用语和俗语增添了语言的色彩，让东北方言听起来生动、诙谐，善用惯用语是东北方言幽默特征与喜剧表现的重要手段。东北人日常生活中遇到的事、思维方式与幽默感都体现在惯用语的表达中，甚至是正式场合也会使用大量熟语来进行表达。文化底蕴是熟语的社会基础，熟语是随着社会文化的进步而产生的，随着社会文化的发展而发展的，它是以社会文化为背景或理据而形成的。熟语是东北方言在中东北人民千百年来的智慧结晶，是东北文化在语言上的沉淀。东北方言中常运用熟语来制造笑料，达到幽默诙谐的修辞效果。在东北，熟语其实就是疙瘩嗑、俏皮话，特点是通俗易懂、风趣幽默。随着东北喜剧小品的流行，一些东北地区的惯用语也走出了东北这片黑土地成为全国的流行语，比如在赵本山小品《心病》中“拔凉拔凉地”“纯爷儿们”“整没了”等，《卖拐》中的“忽悠”“脑袋大脖子粗，不是大款就是伙夫”，以及《拜年》中的“咋下来了腐败了啊”以及歇后语“产房传喜讯——人家生（升）了”“耗子给猫当三陪——挣钱不要命”等。东北惯用主要是抒情，有对不公平与丑恶现象的看在眼里、气在心上的无可奈何之意，又有对未来和美好事物的憧憬与赞美。下面将常见的东北方言熟语分为歇后语、惯用语、俗语、谚语、哨歌五大类。今天东北喜剧作品的流行让东北方言幽默红遍了大江南北，征服了全世界热爱快乐的人们。这一章将对东北方言的各种存在形式进行梳理，从中提炼出东北人民生活经验与智慧的结晶——东北方言幽默。东北方言的某些词汇源于劳作词汇，所以东北方言就饱含“苦中有乐”的调侃与幽默，自然有趣。马克思曾经这样评价说，不同的历史国家和不同地域，在历史上往往由社会共同发展逐步形成各种不同文化有关的共同语言、共同政治经济社会生活以及共同社会文化和共同社会心理素质的稳定体和人类的社会文化共同体。由于我国东北地区冬季气候严寒且漫长，早期大部分东北人大多居住在偏远农村，冬季乡下居民农闲时孤独难以相逢，夏季则在田里一起耕地辛苦劳作，二十公里长的一垄沟，半天的翻铲不动下到地头，人们更可能会因此感到疲惫。于是他们就天南地北、没边没沿地逗乐和闲扯，苦中为之寻欢作乐，以各种方式逗乐来帮助排除寂寞，缓解疲劳。由此可见东北的方言其幽默性本身就是一种带有讽刺和调侃的幽默。例如，东北人喜欢“埋汰”人，意思就是调侃人，但是东北方言的特别之处在于，无论怎么“埋汰”人，都不会把人搞生气，原因是幽默大于调侃。但是，东北方言的幽默与南方方言的幽默不同，东北方言的幽默是泼辣幽默，让人听了感觉自己被热情所包围，很快就能融入进来；而南方方言的幽默是冷幽默，如大家都知道的粤语。举个例子，有的家长想表达孩子不争气，就会说，“生个叉烧都好过生你”——这里的“叉烧”就是肉的意思，意思是生块肉还能吃，生你能干点啥。这就是笔者所说的南方方言的冷幽默之处。其中对于东北地区的这些方言经常很多种歇后语、俏皮磕、疙瘩话，都经过了各种游戏性质的变化，诗意地进行处理，来表现出来的东北方言的风趣幽默，活泼俏皮，诙谐滑稽，语言里都充分透露着东北特有的冰雪精神。例如，为了抗拒严寒风雪，东北人发明了“靰鞡鞋”，靰鞡鞋面上都是褶子，由靰鞡此物衍生出许多方言，比方说事情没办好，就说“褶子”了。

（三）东北方言熟语的惯用语

学术界关于惯用语与俗语定义与范围存在争论，孙维张的《汉语熟语学》把惯用语定义为："惯用语是熟语的一种，属于描绘性的熟语，它的表意功能相当于复合词或短语。不管它的结构长与短，都没有表述性，不能形成完整的判断，在言语表达中，一般不能独立地成为一个句子。"武占坤对惯用语的定义是："语形简短，字数多少不等，语义比喻或引申，是对行为现象的性质状态做贬斥的评价或情态表述的，习用性特强，定型性有的较弱，有浓厚的情态意味的修辞语句是惯用语。"王勤在《汉语熟语论》一书中认为在熟语内与惯用语最相似的是成语，主要区别在于外在形态，惯用语是三音节，成语是四音节；在风格上，惯用语的风格是通俗、平易、口语化，甚至粗俗，成语则是典雅、庄重、书面化。关于惯用语的音节构成，王勤强调惯用语的"三言"特征，崔希亮在《汉语熟语与中国人文世界》一书中所列举的惯用语的示例也全部是三言，孙维张认为，"惯用语的结构灵活多样，富于变化，从音节构成上看，有多有少，少则三字，多则七字、八字不等，甚至有十几个字的。如八九不离十、过了这个村就没这个店了等。"综合以上观点，我们认为东北的惯用语有表达特定语气和情感的功能，因此有时会在构词中加入虚词、语气词而显得在构词上不够紧凑精练而较长，有时表达一种果断、痛快的意思而仅有两言。所以，东北的惯用语有二言、三言、四言和五言。东北惯用语植根于民间，是东北人民日常生活、劳动中使用的语言。惯用语和俗语的根本区别在于，惯用语字数少、形式精短，使用灵活，通常做实词，在句子中充当主语、谓语、宾语等句子成分；而俗语由于其字数较多，内部成分较复杂，不具备实词的特点，很少在句中充当主要成分，在句子中多作为插入成分，起到修辞、加强语气的作用。

（四）俗语

关于俗语是否包含在惯用语里目前存在着争论。武占坤认为，"俗语"是从"谚语"中分出来的，又包含在"惯用语"里。王勤认为：俗语是熟语的属概念，既不包容谚语、歇后语、成语、惯用语，也不是谚语的别名。汉语俗语少者几个音节，多者十几个音节，参差不等。结构上多是单句，有少量的复句，没有三个以上分句构成的多重复句。崔希亮认为：惯用语具有流行性，具有时代色彩，时代一变它们立刻就会黯然失色，因此它们不可能有太长的生命力。因此，我们认为俗语不是包含在惯用语里，与惯用语的流行性相比，俗语不是时代潮流的产物，它是根植于社会结构，是该社会文化历史背景下许多因素长期相互作用的结果，并被人们广泛使用而最终形成的。俗语表达了东北人乐观、坚强、豁达的生活观，展现了东北人的幽默特点。以下从功能的角度将东北方言俗语为劝慰、告诫、讽刺、赞美、詈语等。劝慰。"没有过不去的火焰山。"比喻没有克服不了的困难。例人，人啊，就得自己给自己宽心丸吃，没有过不去的火焰山，啥大不了的事。“吞横着难，顺着好咽。”意思是顺耳的话往往更容易为人接受。

（五）东北相声相声是逗笑的说唱艺术

“相”“声”分别指通过模仿动作与声音逗笑。著名相声大师侯宝林在《相声溯源》中说，相声的直系亲属是唐代的“参军戏”，远代祖先是“俳优”，亲戚朋友是宋代的“滑稽戏”，特别是张山人的“说浑话”。并认为“民间笑话对相声艺术的影响是间接的，但是由民间笑话和故事哺育而成的“说话”艺术赋予相声艺术以重要武器”。金名在《相声史杂谈》中认为相声艺术的本质就是：动作滑稽——相；语言滑稽——声。特性是野生性、杂戏性、多样性、阶段性、滑稽性（包括讽刺与幽默）。

首先东北相声的起源。沈阳被认为是和北京、天津并称为相声的三个发源地。至清末民初，相声已初具形态。据1873年的刘世英著《陪都纪略》中记载，沈阳最早的相声艺人名为张太，书中记载：“有张太，学相声。叫人乐，嘴头灵。约薄活，想得精。讲流口，是营生。”据沈阳曲艺团演员穆凯在一次记者采访时介绍：“沈阳是清代有相声活动的三个城市之一，在历史上和北京相声、天津相声并肩。”据金名老先生关于相声开山祖师的记载：“相声艺人们以为从咸丰到光绪，可分为三支。穷不怕一支有孙丑子、酷溺膏（处妙高）韩麻子（鸭儿黄）、盆秃子等，稍后有百鸟张（张昆山）、人人乐等。大多唱滑稽京戏;处妙高传老万人迷。第二支可以阿刺二为代表。阿又叫阿彦涛，传恩子。恩子同治时叫思绪，光绪时避讳改恩培，是马三立外祖父。马三立父马德禄，叫小恩子，师事一撮毛春子。恩子徒弟中知名的有裕德隆、焦德海、周德山（周蛤蟆）等。这通常被叫作德字辈，如赵蔼如的少抓父，原叫卢伯三，改名卢德俊。第三支较晚起，以沈春和为代表，传高氏父子高文元与高德明等，后来多在东北一带活动。”这三支相声艺人可谓是现代相声的开山始祖，其中沈春和来到了东北。清光绪末年，北京相声艺人范有缘和朱天瑞定居沈阳，开始在小河沿“撂地”（露天）演出，后又进茶社表演。东北相声的盛行。1921年，冯昆志一家来到东北，与其子冯振声，徒弟德淑珍、冯少奎等人在哈尔滨组成“冯家相声班”，活跃于辽吉黑三省。后来冯振声先后收徒杨海荃、常福荃、祝景荃等人，与他的儿子冯大荃合称“四大荃”，逐渐形成适应东北人欣赏品味的沈阳相声。以“陈家班”为代表的相声由于显示出有别于京津的新特点，又称为“东北相声”。主要的表演形式一是撂地和大棚演出，主要集中于小河沿、北市场等地。另一类是茶社演出，多和一些其他曲艺形式如东北大喜、单弦、京韵大鼓等同台献艺。现在的沈阳相声，基本上可以说很大程度源自“冯家门”的相声，这一切要得益于“冯家门”传人杨海荃、祝景荃等在沈阳地区的最早开拓，为辽宁人所熟悉的杨振华、金炳昶等很多本地的相声名家，都属“冯家门”弟子之列。中华人民共和国成立后，沈阳相声艺人自发组织了“沈阳相声大会”，演员有彭国良、杨海荃等二十多位相声艺人。对于当时沈阳相声的火爆场面著名相声演员陈连仲是这样形容的“所有演员外场，轮换吃饭。所以，每个演员都必须会二三十个活，否则顶不下来。”陈连仲是彭国良的徒弟，后来成为沈阳相声的代表人物之一，他的大徒弟就是东北著名相声演员、笑星范伟。这次相声大会也请了一些北京、天津、南京的演员，东北著名相声演员王平说“当时沈阳的相声非常有名，连马三立都来沈阳的相声大会上表演，一待就是三个月，足见当时的影响力。”有的演员经过一段时间的演出后决定留在了沈阳，如小立本，姜伯华。尤其是小立本，他与杨海荃的代表作《社会主义好》在 1958 年 8 月文化部主办的第一届全国曲艺会演上引起轰动，并受到周恩来总理的接见。沈阳相声开始名震全国。1977 年，培养相声演员的“星工厂”沈阳曲艺团恢复建制，1979 年，沈阳相声开始了席卷全国的时代，杨振华、金炳昶、王志涛、陈连仲携相声《假大空》、《好梦不长》、《台湾来信》参加文化部主办的国庆三十周年献礼演出，其中《大空》、《特殊生活》获创作一等奖，沈阳曲艺团获演出一等奖。

其次关于东北相声的特点。经过 100 多年的发展，东北相声形成了适合东北三省观众审美需求的流派，并曾与北京相声、天津相声形成中国相声三足鼎立的局面。京、津、沈三地的相声风格迥异，北京相声清雅，语言整洁、讲究；天津相声注重平民化，最为平易；东北相声则以火爆、粗犷著称，虽然风格不尽相同，但相声界都戏称为一棵树上的分枝。沈阳相声以火爆脆快，题材丰富，内容针砭时弊，辛辣幽默，讽刺强烈为特点，同北京相声、天津相声形成鼎足之势。但随着人们娱乐形式的丰富，东北相声正渐渐淡出人们的视野。今天，以赵本山为代表的“赵家军”的二人转表演火遍全国，东北的相声的舞台也让给了东北的喜剧小品。但是，喜爱相声的人无法忘记东北相声带给人们的笑声与经典作品。

（六）二人转

首先二人转的来源与发展。二人转“史称小秧歌、双玩意、蹦蹦，又称唱蹦子、过口，双条边曲、风柳、春歌、半班戏、东北地方戏等，是由东北民歌演变而来的东北土生土长的载歌载舞的民间艺术之一，是在东北地区喜闻乐见、具有浓郁地方色彩的民间艺术，至今已有三百多年的发展历史”。二人转是东北土生土长的、流行最广的原生态曲艺形式，它表现了东北人幽默、乐天、好逗爱笑的特点，它的语言特点是通俗易懂、幽默风趣。现代著名美学家王朝闻对二人转如此评价：“她好像一个天真、活泼、淘气、灵巧、泼辣甚至带点野性的姑娘，既很优美，又很自重，也可以说是带刺儿的玫瑰花。”

其次是二人转的特点。孙红侠在《剧种变迁中的二人转研究》认为，二人转的表演形式和内容都是由东北人的性格即观众性格所决定的。东北地区独特的人文地理决定了东北人剽悍不羁、粗犷强劲、率真昂扬、俏皮亲切、无保留的性格特点，情感的表达趋于直白和直截，东北方言的总的特征是简洁硬朗、粗犷大气、生动诙谐，富节奏感。周福岩将这种文化与语言风格下形成的民间艺术称为“东北民间笑谑艺术”，其形式就是以东北方言为载体的“二人转”。因为东北的冬季天气异常寒冷，“猫冬”的人们如果没有什么特殊的事情，一般都不外出，所以人们在这段闲下来的时间通常会进行一些娱乐活动。在东北冬季是艺人卖艺的旺季，而夏天却是淡季。人们通常会把二人转演员请到家里来表演，表演的场地通常是民居家中狭小的炕前空地，狭小的空间使得艺人的表演只能转，而不可能有昆曲的霸和京剧的水袖，舞蹈动作主要在腿部和手上，形成了二人转最初的表演特点——“上身稳，下身浪”。东北各地的戏台大都是给梆子等大戏准备的，二人转这种“贫困的艺术”是无缘于庙台的，它的演出没有固定的舞台和场所，“高粱红唱手”可以在农家的院子里、炕头上、屋顶上、粪堆上甚至伙房和马棚里演唱；“四季青唱手”和“大道沿唱手”则走街串巷、翻山越岭地在各种集市、庙会、野台上演唱，他们或者是一个人单枪匹马演出。喜爱他们的观众都是处于社会底层的贫苦百姓，观众付不起钱币，就给演员实物，然后演员拿去卖钱。而二人转演员的贫困境况使得他们付不起住店或是坐车的钱，店家也不收他们的钱，唱两段就相抵了，这就叫作“谢演”。因此，二人转在东北有着十分深厚的群众基础。孙红侠认为：二人转的特色不妨使用三句二人转艺人的艺谚来概括——“不隔语，不隔音，最要紧的是不隔心”“宁演欢了，别演蔫了”“看二人转不浪，不如回家睡凉炕”。

二人转本身的艺术形式的形成全完是由观众长期的观赏口味所决定的，东北文化中婚恋观念与儒家文化下的婚恋观念的迥异是二人转色情意味的根本原因。在儒家文化的婚恋观念中，讲究的是“娶妻如之何，非媒不得”“男女非有行媒，不相知名”，在这样的婚恋观下，形成了惨烈的贞洁观，妇女“饿死事小，失节事大”“忠臣不事二主，烈女不嫁二夫”“男女授受不亲，七岁不同席”等甚至如今安徽一带仍有大量的烈女祠堂。东北地区在历史上较少受到儒家思想的影响，中原地区的贞操讲究夫死守节或是殉夫，东北地区的寡妇很少因为守节的原因不再嫁人。东北民间俗语有“小伙跳墙狗不咬”和“姑娘丢了没人找”的俗语，都是讲年轻男女的自由恋爱。东北的许多民歌也反映了这样的民风民情，这样的民风与东北地区的燕幽遗风有关，是东北民俗与文化的一个特色。任何一种文化的形成都源于其深厚的历史渊源，以中华民族传统的儒家道德观来评判东北文化现象的优劣是对一种文化的不尊敬。对二人转的研究和了解，有利于将东北文化语言的研究者将思想从儒家哲学视角中跳脱出来，客观地看待东北文化的形成发展，正视东北文化与中原文化相悖之处，这样才能还原东北文化本来的面目。东北文化形成过程的特殊性与艺术庙常的高深复杂，又岂能是倡导“绿色”就能抹杀的。

（七）文学创作

东北的文学创作简单地说，就是东北人用东北话写东北的人和事。东北文学体现了东北人的性格，描写的是黑土地上人们生活的真实面貌。东北方言成为东北文学中的特色。胡适在《〈海上花列传〉序》中说：“方言的文学所以可贵，正因为方言最能表现人的神理。古文里的人物是死人，通俗的白话固然远胜于古文，但终不如方言能表现说话人的神情口气。”

外强入侵的危难关头，杨靖宇烈士体现出的刚烈、威武不屈的文化人格；赵尚志屡败屡战，直到战亡的英勇气魄；赵一曼受尽摧残视死如归；八女临危不惧，毅然投江等等，这些惊天地泣鬼神的英雄形象乃东北文化品格之精华。周福岩认为：“与得体、精准的官方语相比，东北方言显得桀骜不驯、毫无顾忌，它鲜活生动、夸张俏皮、富于煽动性和形象感、充满了“诗性的冲动”。”

这样的文化与人物性格非以东北方言描述不能传神。“这样的文化土壤自然不会有京派文化黄钟大吕的庄重、海派文化吴语呢喃的温雅细致。东北文化性格中有太多的东北的山和水，真是一方水土养一方人，东北人的粗鲁、豪放、任性、倔强无不来自于此，也注定了东北人的悲剧人生性格，尽管其悲剧的境界往往是至高的。”如东北的作家萧军、萧红在他们的作品中表达了“对乡土的眷恋，对外寇仇恨的民族情结，生与死的冲突。描摹现代东北的大冲突、东北人的精神状态方面有相当的成就”。这些东北的作家是东北人民最可亲可敬的儿女，无论作家本身的境况多么不幸，无论东北人民当时所处的环境多么悲惨，东北人环境造就了东北人独特的性格，这种特立独行造就了东北的作家。在作家们的笔下，我们总是能看到东北人乐天、幽默的本性流露。东北的文学的文体形式十分丰富，主要有诗歌、散文、传记、小说、戏剧剧本等。因篇幅有限，这里只介绍小说、诗歌、散文三类。

小说。东北的冰雪世界和边疆文化使东北文化与中原的文化相比更多了异域的风情。如作家 20 世纪 30 年代的著名作家萧红生活的东北是一个狼烟滚滚、饿殍遍地、生灵涂炭的生死场，她一生都在写这片苦难的土地，但是我们从她的作品中看到的却是无处不在的幽默。鲁迅为萧红的中篇小说《生死场》所作的序言中写道：“北方人民的对于生的坚强，对于死的挣扎，却往往已经力透纸背；女性作者的细致的观察和越轨的笔致，又增加了不少明丽和新鲜……不过与其听我还在安坐中的牢骚话，不如快看下面的

《生死场》，她才会给你们以坚强和挣扎的力气。”她在中篇小说《生死场》中对麻婆——一个愚笨丑陋却很勤劳的妇女的描写，充满了戏谑与同情：邻居的烟筒，浓烟冲出，被风吹散着，布满全院。烟迷着她的眼睛了！她知道家人要回来吃饭，慌张着心弦，她用泥浆浸过的手去墙角拿茅草，她贴了满手的茅草，就那样，她烧饭，她的手从来没用清水洗过。她家的烟筒也冒着烟了。过了一会，她又出来取柴，茅草在手中，一半拖在地面，另一半在围裙下，她是拥着走。头发飘了满脸，那样，麻面婆是一只母熊了！母熊带着草类进洞。“饭晚啦吗？看你不回来，我就洗些个衣裳。”让麻面婆说话，就像让猪说话一样，也许她喉咙组织法和猪相同，她总是发着猪声。

……

听说羊丢了，她去扬翻柴堆，她记得有一次羊是钻过柴堆。但，那在冬天，羊为着取暖。她没有想一想，六月天气，只有和她一样傻的羊才要钻柴堆取暖。她翻着，她没有想。全头发洒着一些细草，她丈夫想止住她，问她什么理由，她始终不说。她为着要做出一点奇迹，为着从这奇迹，今后要人看重她，表明她不傻，表明她的智慧只是在必要的时节出现，于是像狗在柴堆上耍得疲乏了！手在扒着发间的草秆，她坐下来。她意外地感到自己的聪明不够用，她意外的对自己失望。

从萧红的这段文字中，我们能看到东北人在思维中固有的一种直白的戏谑精神——就是总是忍不住要开玩笑，无论什么话都要说得有趣才妙。虽然这一段描写的是一个很受苦难的妇女，但是通过简单短小的句子，让通篇富有节奏感，读起来像是孩子口中的童谣般。一切的悲苦、不幸被解构成了一场童话剧，读者也被引导着从中发现可笑之处。文中三次拟物的描写“母熊带着草类进洞”“发着猪声”“像狗在柴堆上耍得疲乏了”，又是以童话的直白手法，把麻婆的愚笨粗鄙表达得淋漓尽致。但是这种比喻又是可爱的、宽容的和同情的。萧红的思维中有着典型的东北方言幽默——狡黠、解构不幸、质朴的童趣。东北往往被古人描述为“雪地又冰天，北风刺骨寒”，今天也同样有人称之为“岭积千秋雪，花飞六月霜”。而在东北作家的眼中，这里却是可爱的、美丽的、温暖家园。当代东北女作家迟子建笔下的“原始风景”是有着“宫殿一样、惊人美丽的”木刻楞房屋，“美丽得令人伤心、宁静得使人忧郁的月光”的异域风情的人间天堂。她毫无保留地对她身边的每一个人和景物都做了艺术般精致美好的描述，东北在她的笔下是一个奇趣、温情与原生态的童话世界。人们充满了乐趣的生活着，一切的危机与矛盾都在东北人乐天与憨实的精神世界里消解了，转化为和谐。

迟子建小说中的景色描写细腻生动，通过拟人等手段的描写而诙谐生趣：小城越到夏天就越显得杂乱。你若想看城的全貌，那么就先从骡马市那开始走吧。骡马市算是城边，那一带的人大多是开油坊的。油坊大多破破烂烂的，远远望去和厕所没什么两样。只是有人提着油瓶子从里面出来了，你就可知道他不会打了一瓶尿出来，那肯定就是油坊了。

迟子建:《香坊》(1993 年) 秋天的小城是灰色的。树是存不住叶子了，没有了叶子的树是灰色的。而没有绿叶陪衬的房屋更加显现了它灰色的本质。灰色的房屋连成一片，鸽子穿过时连丝毫叫声都不想留下来了。本来以为路该亮堂些，可路也是灰突突的，走在街上的人换上单调的秋装后觉得眼前灰蒙蒙一片，就很想找一面镜子看看，自己是不是也成了灰色的?

在迟子建的小说中，人与人之间的关系是真实、质朴，没有矫揉造作、从不无病呻吟，时而像是一个憨直的农民用原始的思维思考人生、进行着最简单的表述；更多的时候像是透过一个好奇、可爱、狡黠的孩童的眸子看世界，万事万物都回归了它的本色。迟子建的冰雪世界纯净、美丽、晶莹，也一如孩子的心灵，一切夸耀、装饰、权势、虚伪等成人世界里的世俗和规则都仿佛是春天里最后的积雪那样可怜地暴露在阳光里等待消融，消融之后露出的黑色土地就是迟子建心中的东北人的样子，踏踏实实、乐天大气，有着真诚的粗鲁和本能的善良的天性，虽然时常地表现出幼稚、简单、粗暴却是有着英雄气概般的人物。对场景的描写最后给人出其不意的一笑，如中篇小说《香坊》中描写的一对父母见到离家多日生死未卜的十岁的小儿子突然带着家里失窃的宝物香炉回来了的场景：他们紧紧地盯着远来的马车。马路声渐渐明显起来，而天色也渐渐亮堂了。他们惊喜地看到亮铜坐在马车上，他的身上挎着干粮袋，明显黑瘦的脸上有一股说不出的精神，戴着一顶破烂不堪的草帽，他倚着一件苫着草帘子的东西，那东西看上去像一头稳稳实实的熊。

“亮铜——”杏雨低低急急地叫了一声，眼泪就出来了。

“亮铜——”池凤臣刚想抒情一下，但他忽然转了一种表达方式，“我日你活爹！”

迟子建很喜欢以孩子的视角去描写，童言童语为作品增添了可爱与逗趣的意味。下面的引用迟子建在《秧歌》中描写一个女人——“小梳妆”的绝色美丽，分别是从儿童的视角与成人视角进行描写。儿童视角：

那年女萝跟在大人们身后去看秧歌，把一只红色的虎头鞋挤丢了，她的一只脚踩在雪地上，冻得哇哇直哭。她用手去扯她爹的手，她爹却毫无知觉，而她娘凭着一身的力气已经挤到最前面去了。女萝放声大哭着，但是那热烈的喇叭声以及锣鼓“咚锵咚锵”的喧哗声把她的哭声掩盖了。她仰着头朝上看，只看见了踩高跷的那些人的头颅，像许多盏彩灯一样晃晃悠悠地悬在那儿。

女萝因此冻掉了两个脚趾。从那以后她就常常在给爹煎药时将臭虫放进去，她还将母亲梳妆匣里外祖母遗留下的那些好看的手镯、项链、戒指和梳子一件件地偷出来，送给猪栏巷旧杂货店的臭臭。结果臭臭在巷子里把这些东西都玩丢了。谁捡着了，自然就是谁的了。

女萝十五岁时，她爹爹谢世了。死于腊月的爹爹临终说的唯一的话是："再过个把月，小梳妆又会来扭秧歌了……"说完，他"啧啧"两声，就把头一偏，撒开这一切不管不顾了。女萝发现爹爹的头偏向南天阁。

同样是形容"小梳妆"的美，成人的视角也另有一番趣味：

男人们到了说女人美得形容不出来的时候，并不是说明他们见识短，而是说他们的魂被美摄走了。小梳妆就是这样一个可以让人失魂落魄的人。当年马头岗的秀才赵天凉听说小梳妆是个美得无法形容的人，就认为众人屈了他的才华，什么模样的人他赵天凉形容不出来呢。等到隔年的正月十五赵天凉来到银口巷特意看小梳妆的时候，他一下子就江郎才尽了。不仅才尽了，命也尽了。他害了单相思，每日由马头岗朝南天门阁眺望，形容憔悴，最终一命呜呼。当然这是后话了。小梳妆的美不仅男人们喜欢，女人们也喜欢。她们会说："咦，奇了怪了，喝的一样的水，她就这么显眼啊？"她们嫉妒她，但不鄙视她。

萧红和迟子建的作品中虽然反映的是东北人质朴而厚重的人生，但是字里行间却闪动着轻灵与脱俗。无论是伪满的生死场还是冰天雪地里的秧歌，笔触永远是轻盈的、跳跃的，透出孩童般的调皮与雀跃。

四、诙谐幽默的民间说唱艺术

东北方言中除了以上讲到的方言词汇，还有就是东北的一个"俗"，这个"俗"实际指的东北民间艺术的主要形式——二人转。它通俗，且乡土，而不是庸俗、土气。东北的二人转至今已经有很长一段的文化历史了，以"不隔语，不隔音，更不隔心"的独特艺术和技巧被列入中国第一批非物质文化遗产名录中，和东北的大秧歌一起被称为是中国东北民俗和文化中最重要的两块美玉。由此可以看出，二人转在东北人心中的重要地位及其社会价值。而二人转之所以这么有吸引力，当然离不开它的"骨干"——唱词。这具备地域语言特征的"唱词"成为东北方言的特殊表达方式。东北汉族文化孕育出来的东北二人转，是东北原生态的艺术。这是最独特、最完美、最精彩的地方民间"戏剧"形态。作为一种独具特色的艺术形式以及民间口头文学，说口备受关注，说口可以积极展现不同的生活现象，代表着一种洒脱自信的生活态度，或各种谩骂，或各种嘲笑，或各种夸张，或幽默，或滑稽的各种插科打诨，淋漓尽致地展现出来，使讲者开心，使听者过瘾。说口的作用，在“唱”中夹杂一些张家长李家短的故事和笑话，为了取乐生趣搞笑，出出气，解解恨，借题发挥，讽刺、嘲笑、咒骂。说口的技巧很高，它用当地民间口头语言，灵活地利用不同的历史故事、笑话、民间故事来进行分析以及研究，构建完善的组织体系和激励结构，加强对人物以及故事的分析以及装饰，但是无论在哪，它们的作用都是为了强化艺术的感染力。在二人转的“唱说扮舞绝”中，艺人们强调了“说”的地位，认为“说”是起到骨架支撑的作用，而“唱”有丰满血肉的作用，二者互为依存。“说”离不开“唱”，反之，“唱”也离不开“说”。

二人转取材于生活，但在说唱艺术中将生活内容艺术化、舞台化，把人们心中最直接的思想意识用舞台形式表现出来。使得东北语言表现更具艺术性。这是东北方言的特殊性所在。民间艺人的语言里，含有一种与现实生活毫不沾边的荒诞不经的语言，饱含着人生自我调侃的幽默情趣。如李青山的《锯大缸》中的一段“扯淡”磕：“乐子出门笑呵呵，听我表一表扯淡磕。抬头看见牛下蛋，低头看见马抱窝。”这些包袱艺术的生命力在于充分发挥了艺人的诗性智慧，用乡村话语的真实性对主流话语的颠覆，观众在笑声中认可了这种释放和解析。其中方言的应用最为关键，但是二人转并非直接按照简单照搬照抄的形式来进行分析，而是将更多的情感元素融入其中，积极融入不同的艺术化元素，就会让人觉得幽默。二人转演绎时艺人以一男一女两人搭配完成，男的一般演丑角，在演的过程中，多以“男小女大”的演绎形式呈现给观众，这里的“男小”指的是男性的角色和演绎角度以小男人为主，“女大”则是大女人。男性更多的是嘲讽自己以向观众展现二人转的诙谐主调，更易被观众所接受，自嘲这种心态也证明了东北人勇敢的一面。在大家眼里，中国女人的身材比较娇小，同时非常贤惠，这是一种比较典型的人物形象及典范，但是东北女性虽然漂亮，性格却是彪悍的，气质上也依然是热烈，浪漫、直率、不拘小节的，这在东北二人转中体现得极其明显，在东北这个独特的社会经济环境下，东北女性则展现出彪悍的一面，当然东北的男性也有顶天立地的一面，但正是因为东北一直以来在这样的大环境下，更多地表现出了女强男弱的局势，这些都是由长此以往东北的各个地域文化和传统民俗文化所创造和铸就的。由此可见：二人转主要是在生活中提取素材，选用特有的语言形式来传递人生活中的最质朴的情感，“语言”成为演员直接传达情感的媒介，也是二人转的感情传递的基础所在。

五、极具乡土趣味的地方语言

二人转中篇状结构体现了东北方言的趣味，接下来二人转中的乡土语言也体现了东北方言的趣味。“趣”在本质上是指人类在精神生活上的得一种享受和追求，是对于生命之愉悦的一种体验和感知，是一种审美和感官上的充实和自足。

讲到乡土语言，我们就不得不提到一些我们耳熟能详的小品——《红高粱模特队》，其中有这样一段台词：

A：“你看过真正的时装表演吗？”

B：“电视上常看，不就是头上包个绸子，露个肩膀头子，一身玻璃球子，走道还直晃胯骨轴子。你穿这些，能劳动吗？”这段台词就比较明显地体现了东北的乡土文化，而语言方面也是体现了东北方言的豪放、趣味。

其实，二人转的特征非常的明显，能够更好地体现一定的趣味性以及幽默性，除了需要讲笑话之外，还需要注重趣味性之间的分析以及研究。这一点在《王婆骂鸡》中也很典型，《王婆骂鸡》形成于辽宁海城秧歌，出自山西柳腔，源于宋杂剧《目莲救母》中的一折，后改编成二人转，其中的情节是：王婆逛庙归来，发现丢鸡，大骂四邻，所骂之句不重样，排比成篇，妙趣横生。“农人偷了我的鸡，撒下种子烂成泥；商人偷了我的鸡，买卖贴本干着急；书生偷了我的鸡，金榜不能把名题；柴夫偷了我的鸡，高山大柴遭雷击……”这段骂得很俏，紧贴人物身份，也更贴近东北地区农村环境下的乡土气息，俗话雅说，恨中含爱，入情入理，有情有味。二人转习惯于把民间传说、神话故事、历史典故等都揉碎放进二人转的唱词当中，经常使用叠床架屋、罗列堆砌的手法，使俗中见雅，雅中有趣。从其审美的视角来看，更是有《红楼梦》中大石牌坊上的一对对联说到“此等半有半无，半古半今，事之所有，理之必有，极玄绝奇，荒唐不经处”的神秘感、其恰在传神，经会意而知之，让观众听起来饶有兴趣。

六、东北方言幽默的独特魅力

在东北这块黑土块上无论发生了多少频繁与残酷争战，气候是多么寒冷，东北人民仍然坚强、乐观、充满热情地走过了几千年的岁月，实现了多民族融合，并形成了自己独具特色的语言风格。地域上的殊远使得东北较少受到中华的主流文化的影响，形成了有别于儒家思想的东北文化，东北文化是东北人的精神支柱，东北历史上的每一个少数民族的性格与文明都刻画在上面，既有忠贞刚烈之士的反抗精神，也有升斗小民在严峻的生存条件下笑口常开的心态。这种乐天的心态让东北人在苦难中发现快乐、制造快乐，最后在欢笑中忘却身边的悲苦，激励着前行，这就是东北人的幽默精神。仿佛东北人天生就是为了喜剧而生、是“笑”的天使，东北方言是构成东北民间笑谑艺术的重要媒介是天堂掌管“笑声”的天神赐给“笑”天使们最神奇的魔力。

（一）化解冰雪的热幽默

幽默的类型分为：机智、冷静的冷幽默；不动声色的干幽默；温和含蓄的软幽默；犀利粗犷硬的硬幽默；曲婉讽刺的中性幽默和滑稽热闹的热幽默，“热幽默”的概念，是用来指称东北方言幽默的独特类型。而热幽默的形成，美学理论家阿瑞提说：“民族文化传统影响着妙语和喜剧的运用方式。”何青志在《东北文学六十年》中说道：东北地处塞外，沃野千里，物产丰富，养成了东北人豪爽、奔放的性格特征，宽厚、洪亮的发音习惯；多民族文化的涵养使东北方言形象、生动，诙谐、幽默，具有极强的表现力。因为背负的东西少，可以杂取旁收，尽其精华为我所用。东北方言是绝少束缚的，是可以纵横驰骋的，所以才有那些出其不意的幽默效果。东北人说话办事直来直去、高声调、大嗓门——在东北文化中这是胸无城府于人无害的表现，这一点也中华传统中对人的修养的要求是相悖的，难免显得“文雅不足而粗俗有余”了。中华传统文化中的“喜怒不形于色”的城府与“话到嘴边留半句”的得体谈吐，在东北人的眼中却成了“内藏奸诈”的小人和“拐弯抹角、闪烁其词”的油滑。这种好恶观念下的表达方式也必是独具特色。东北人讲究的是“不说不笑不热闹”——“说”是指通过使用大量东北熟语以及通过联想、渲染等手段，绘声绘色，极尽夸张，富有喜感的表达方式；“笑”即是指说话人的表情丰富，喜感十足，非要让对方也感染上他的快乐不可。在这样“独乐乐不如众乐乐”的火热火化中东北人一代一代地成长起来并形成了鲜活生动、夸张俏皮、富于煽动性和形象感的言语风格。

（二）东北方言幽默的表达手段

方言反映了某一社会群体对其经验和情境的最初界定。方言的语汇和句法暗示着特定群体隐含的世界观，或者说一种看待世界的独特视角。当我们在听东北人讲话的时候，会发现东北人喜欢把话说得有声有色，只要有东北人在就绝无冷场，说着说着你就被东北人的热情所感染了。列夫·托尔斯泰在《什么是艺术》中说：“艺术是这样一项人类活动，一个人用某种外在的标志有意识地把自己体验过的感情传达给别人，而别人为这些情感所感染，也体验到这些感情。”幽默的表达是通过对常规语言形式的变异，是一种积极的言语交际艺术或修辞方式。在东北方言这个庞大的、丰富多彩的语言系统中，幽默语义的形成通过东北方言中不同的语言要素，或语言要素的不同组合，充分利用语言的变异艺术，以取得幽默效果。东北方言的幽默表达手段极其复杂多样，从语音、词汇、语义三个层面都可以表现出来。本章将以东北方言语言要素为线索，对大量的东北方言幽默语篇进行考察分析，试图找出东北方言幽默在语言不同层面上的规律性。

第三节　东北语言的语音特征

网络上有这样一段流行的话:“在东北，有一种白痴叫作杨了二正；在东北有一种反复叫作墨迹；在东北有一种发火叫作急眼；在东北有一种直爽叫作敞亮；在东北有一种痒痒叫作刺弄；在东北有一种喜欢叫作稀罕；在东北有一种讨厌叫作各应；在东北有一种丑陋叫作磕碜；在东北有一种美丽叫作带劲；在东北有一种回答叫作嗯哪；在东北有一种不耐烦叫作滚犊子；在东北有一种傻乎乎叫作虎了吧唧；在东北有一种脑残叫作山炮；在东北有一种可能叫作备不住；在东北有一种不可能叫作够呛；在东北有一种另类叫作隔路；在东北有一种脏叫作埋汰；在东北有一种闲侃叫作扯犊子；在东北有一种聊天叫作唠嗑；在东北有一种开始叫作原先；在东北有一种不着急叫作赶趟；在东北有一种显摆叫作嘚瑟；在东北有一种角落叫作旮旯；在东北有一种农村叫作屯子；在东北有一种赶紧叫作撒冷的；在东北有一种口水叫作哈喇子。”

网络上的这段话句式整齐，风格幽默，颇具东北特色。那么，归根结底，东北话到底有哪些语音方面的特征呢？东北三省包括黑龙江、吉林、辽宁三大省份。作为中国的重工业、老工业基地，东三省以其特有的方言——“东北话”而闻名于世。“东北话”这个概念是一个整体的概念，是将东北三省作为一个完整的整体而论的，对于其特征的分析也是整体性的。当然，东北三省各省份、各自治区、各直辖市，乃至包括各边远农村、郊区的地方性方言同样各具特色。这里，我们只是集中对于东北话语音的整体性的研究。东三省作为一个整体，其东北话具有内在的一致性和统一性，特别是其在声调方面的特征。东北话是最能反映人的精神状态的语言，也是一种最生动的语言。东北话中有很多词汇甚至只能意会，不能言传。在长期的调查研究中，我们发现东北话具有以下基本特征。

一、东北话中最显著的特点是平翘舌不分

不过这个特点在很多地区已经消失。所谓平翘舌不分，主要是指出、ch、8h 与在 z、c、s 完全混淆，甚至完全颠倒。例如，“差不多”“我错了”“所以”“随便”“睡觉”“练习册”、“测试”这些词汇通常会被误读为“ca4—bu4—duol—r”“wo3—chu04—le”“shu03—yi3”“shui2—bian4”“sui4—jiao4”“ban4—xj2—ehe4”“ehe4—shi4”。东北方言中的平舌音和翘舌音在发声的时候可能会出现混淆，东北方言一般会把普通话重的绝大多数的

翘舌语音都发成了平舌语音，又把其中的平舌语音发成了翘舌语音。在普通话中，平翘舌的发音要求是需要严格遵守的，而东北的方言则是将平翘舌音混淆使用，就可能会对此造成歧义。例如“诗 shi(一声) 歌”说成“诗 si(一声) 歌”“阻 zu(三声) 碍”说成“阻 zhu(三声)碍”。简单的一个发音出现了错误，整个词语可能出现了让别人搞不清的情况。

二、东北话中有显著特点的是韵母

方言中，如果一个汉字是零声母 (没有声母)，且该汉字的韵母是以 a 或者 e 开头时，东北话通常不由自主地在 a 或者 e 之前加上一个额外的字母“n”。“我饿了”通常读成“wo3—ne4—le”就是一个很明显的例子。

三、有关声母的区别

对于声母为 r 的汉字，东北话中通常读成“Y”。例如，“吃肉”通常读成“chil—you4”“本人”通常读成“ben3—yen2”“然后”通常读成“yah2—ho”“热闹”通常读成“ye4—nao4”等等，诸如此类，不胜枚举。东北方言习惯于把“r”声母改换成“l”或“y”声母。例如普通话说“扔 reng(一声)垃圾”，东北方言会说“扔 leng(一声)垃圾”；普通话说“好人 ren(二声)”，东北方言会说“好人 yin(二声)；东北方言还习惯于把“b”声母改换成“p”声母。普通话说“细胞 bao(一声)”，东北方言会说“细胞 pao(一声)”；东北方言也有把“j”声母改换成“g”声母的习惯。普通话说“解 jie(三声)”，东北方言会说“解 gai(三声)”。除了这种改变声母的词汇，还有一种本来没有声母，但是在东北方言的读音中加入声母的情况。例如普通话说“饿 e(四声) 了”，东北方言会说“饿 ne(四声) 了”。

四、声调问题

例如，二声读成三声的有“在职”(zai4 一 zhi3)，一声读成四声的有人名王晶 (wm 萨—jins4) 等。普通话和东北方言语调的差别

众所周知，语调可以分成“阴 (一声)、阳 (二声)、上 (三声)、去 (四声)”。而普通话与东北方言之间语调的区别就是这四个音调的区别。打个比方，普通话“国(二声) 家”，东北方言则是“国 (三声) 家”；普通话“细菌 (一声)”，东北方言为“细菌 (三声”；普通话“比较 (四声)”，东北方言“比较 (三声)；普通话“反复 (四声)”，东北方言“反复 (二声)”。这样看来，在普通话转变成东北方言的过程中并没有固定的规律，都是人们在说话的过程中留下的习惯所形成的东北方言。

五、韵母为 u 的通常误读为卸

很有名的一个例子，就是“暖气”(nuan3—qi4) 这个词。东北话的第六个显著特点是 v、W 不分，这个问题同样困扰着在东北土生土长的外语学习者。因为英语中时常出现 what，five，voice 这样的词汇，显然对于东北的学生来说，这不太容易克服。汉语中的显著例子如“新闻”(菇 nl—ven2)。东北话中接下来的一个特点就是韵母中的 o 往往容易被读成 e。如“拨款”这个词汇通常被读成“bel—kuan3”。东北话中的最后一个特点是属于特殊汉字的音变问题，没有什么特殊规律。但是确实是普遍存在。“学习”通常被读成“xiao2—xi2”“住宿”通常被读成“zh“—xu3”“音乐”通常被读成“yinl—yao4”“上街”通常被读成“shang4—gail”“纠正”通常被读成“jiao3—zheng4”等等。

六、押韵耳熟能详的著名短篇小品

《昨天、今天、明天》中曾经有这样一段简短的台词“主动和我接近，没事儿和我唠嗑，不是给我割草就是让我朗诵诗歌，还总是在寻找机会向我暗送秋波”，这里面的“磕、歌、波”的语调和韵脚要是用普通话说出来，可就不算太过于押韵，但是用东北方言的语音和语调却能把它说得很押韵。东北方言讲究重音在后，那它不仅仅意味着一种押韵，还会产生一种幽默生动的语言表达效果，这也充分证实了笔者前面所提到的东北方言艺术具有两个基本的艺术特点——形象生动与自然幽默。押韵在其修辞手法中给人一种意犹未尽的感觉，不仅仅是在对普通话的运用上很频繁，在东北方言的运用上也是出现得颇多，可以说给本来就极具魅力的东北方言又一次添上了一抹光彩。

七、儿化音的使用

大家更熟悉的应该是北京话，但是东北方言中的儿化音与其不同。例如说“一份套餐”东北方言的说法是“一份儿套餐”。就是在生活中我们总是自然而然用到儿化音，且不被大家所注意的，但其实在南方地区，儿化音的使用频率是低于北方地区的。

以上是在长期的观察中挖掘出的东北话的普遍特征，还有一些其他方面的特征，同样具有一定的规律性，属于约定俗成的。有些是换了一种表达方式，有些属于省略语，有些是轻音，有些是儿化音。正是这些约定俗成的表达方式，可能对于非东北地区 (也就是圈外) 的人们来说，确实是一种理解、表达、回应方面的挑战。当说话人表达“想、思考”这个意思的时候，东北话通常用“寻思”；“杯子”说成“水杯”；“民办本科”说成“民本”；“谁”发成“sei2”的音；“东西”说成是“玩意儿”；“眼镜”说成是“镜子”，这的确很容易和 mirror 这个词汇混淆。此外，东北话中，很容易用“跟前儿”来表达“旁边、附近”的意思；“牛奶”说成“奶”；英文 26 个字母中的 e 发成翘舌音。当东北人想表达“多少钱”的时候，他会说“多钱”，此时“多”发二声；当东北人想表达“多少时间之前的事情”的时候，他往往会说“多前”，同音异形，但是如果是口头语的话，对于外地人来说，就很难辨别了。另外，“圆珠笔”是“油笔”；“水笔”是“中性笔”；“地方”说成是“地上(轻音)”或者“嘎子”，“热水瓶”说成是“暖壶”；而“木梳”又泛指一切可以梳头的工具，并非一定是木头材料的梳子。“盒饭”叫作“份儿饭”；“看”用“瞅”；“练习本”说成“本儿”；“头疼”说成“脑袋疼”；“不能”表达的是“可能性，即不可能”而非“不可以，不允许”。又如，东北人习惯将一切密闭的可以用来学习、工作、生活的空间称作为是“屋子”；“写了一页”通常用“写了一篇”来表达。

最有趣的是关于 toiletpaper 这个问题。东北人通常把上厕所的纸称为“卫生纸”，而且“卫”发成“wei3”第三声。这个意义我们还是不难理解的。但是当东北人说“草纸”的时候究竟表达的是什么含义呢？实际上，这时候他们想表达的意思是“用来绘图、计算或者用作其他类似用途的纸张”，这也就是许多南方地区意义上的“草稿纸”。这可真是为难外地人了，很容易产生交流阻碍。对于南方许多地区来说，“草纸”特指用来上厕所的纸，即 toiletpaper。东北文化源远流长，东北话作为东北文化的重要组成部分，在文化的整体发展过程中始终发挥着不可忽视的作用。一个民族的文化能够反映一个民族的民族心理以及社会认同感。这是一个民族的个性所在。

第四章 东北语言的词汇特点

第一节 东北语言的数字词综合研究

作为北方方言的一个次方言，东北方言有其独特的魅力，简洁、生动、形象，富于节奏感，个与东北人豪放、直率、幽默的性格相当吻合。东北方言有些与众不同，是由历史的熔铸和自然的陶冶而形成的独特的文化现象。方言是地域文化特征的一个重要表现，它与一个地区的文化发展有着不可分割的关系。地域文化是一个地区的居民在当地长期生活中创造的具有稳定地域性特征的物质财富和精神财富的总和，体现了当地人们的生活方式和思维模式。我们可以通过方言看到某地区的地域文化及其历史的种种事实。东北话记录着东北地域文化的种种事实，是东北地域文化中最具内涵的文本。随着当今社会生活节奏的加快，竞争越来越激烈，人们的生活压力逐渐增大，而东北方言以其生动、幽默的表达风格，使人们感到轻松、愉快。所以近些年来，东北方言开始走向全国，越来越多的人喜欢东北方言。

一、东北方言数字词对古代汉语数字词的继承和发展

数词表示数目和次序的意义，称为数目义。但是社会生活中人们对于数词的应用经常越出了数词的数目义，而是赋予了数字众多的非数目含义，在东北方言数字词中，这一点表现得尤为突出。

在东北方言的数字词中，数词已不仅仅代表文化符号，更多的是带有了某种地方色彩。在东北方言中，带“一”的数字词，所占比重非常大。“一”具有强调、修饰的作用，这样的词义即是从“一”的广大无际的联想意义引申而来。如：“一堆一耙”，成堆成片。还有一堆一耙的红高粱。“一个点儿的”，一个劲儿地。他爹穷搅一个点儿的，往后月香咋登这个门槛儿。一个点儿放声叫卖。“一块堆儿”，一起。两人脑袋都快碰一块堆儿了。“一水水儿”:纯一色。前边是一水水儿的小学生。朝同一方向。十多个男男女女，一水而由“三”组成的相关数字词，则具有更丰富的含义。如：“三吹六哨”，吹牛皮说

大话。“这种人专会三吹六哨”。“三七儿”，调皮挑衅、阴阳怪气的话。这人怪着呐，有个大事小情他准跟着念三七儿。比喻起码的知识，情理。“这么大岁数了，三七儿不懂，四六不分。又说成“三七儿赶集，四六不懂”。（三、七非集日）“四”，在东北方言中，“四”多有方正、规整、和谐的意思。如：“四称”，诸部分和谐、匀称。个头不高不低，身段四称。“四棱见线”，棱角分明。迎门柜上哪来的两个四棱见线黄纸包。“四五六儿”，条理、头绪。咋就掰扯不个四五六儿来呢。“四转圈儿”，四周。进山沟，四转圈儿先瞅一瞅。这一意义特征是从古汉语数字词“四”的意义特征继承发展来的。“五”，在东北方言中，带“五”的方言数字词，含义非常丰富，形象性特点鲜明。如：“五把扇”，巴掌。“小两口不知为了桩什么事，动开了五把扇”；“五花三层”，（肉）肥瘦相间；（切糕）枣豆层叠等食品多层次构架，都叫五花三层。其中的“五”为实指。“五疾六瘦”坐卧不安的样子。“有俩钱烧得五疾六瘦”；“五马倒六羊”，形容倒买倒卖，从中得利不轨行为。他这一辈子就五马倒六羊。其中的“五”表示“多”的含义。“六”，“六”可以表示多种意义。表示小的极限，犹“零”“乌有”；进一步引申表一般的否定，犹“屁”（用于对上句的应答）。这一用法在东北比较常见，如他懂个六哇你唉声叹气顶个六这么大的便宜，你还迟疑个六！什么科学六学的。六吧！听大夫的话，您别活了。表示“饱和”的极限，犹“足”。把“小秦”“会珍”几个字写了个六够。上礼的吃了个六够。没有这段理，他白立新懂个六哇！上礼的吃的六顶六。“七”，东北方言“七”虚化后表示“最高、最后”，其中“最高”的词义申与死的词义虚化有异曲同工之处，即如好吃死了就是好吃极了；该含义为东北方言所独有。“最后”的词义，与佛教中的“做七”中的含义有一定的相关性。《汉语大词典》中，【做七】旧俗、人死后每隔七天做一次佛事，称为做七。凡七七四十九天而止。明·汤显祖《牡丹亭·遇母》：“空和他做七做中元，怎知他成雙成愛眷。”清·王应奎《柳南随笔》卷四：“或問：人死，每遇七日則作佛事，謂之做七，何歟曰：人生四十九日而魄生，亦四十九日而魄散……曰：然則做佛事亦有益歟曰：此俗尚也，愚夫愚婦之所爲也。”如“找了个七开”“猴七儿”（淘得最利害）“闹了归齐”（齐为七的变调，到最后）。而由“七”组成的数字词，具有生动性的特点。如：“七拉枯吃”形容速度很快的样子。七拉枯吃地吃完了。“七三八四”，许多不中听的话，这个那个的。七三八四说了一大堆气的我七三八四直劲儿骂。“七大八”，七八成儿。这事能有个七大八。你那小心眼儿，我猜透七大八。“八”，“八”也有几个意义。虚指最多，最大。如：一口八个不答应；抬出八辈祖宗。这一特点为东北方言数字词所独有，转用义为“乌有，没影儿”。这一含义的使用比较普遍，见《汉语大词典》【八字没見一撇】比喻事情毫无眉目，未见端绪。《通俗常言疏证》卷三：“《通俗編》：“朱子《與劉子澄書》：聖賢已是八字打開了，人不自領會。”按今有“八字不見兩撇”之諺，似又因於此。凡事無端緒者，謂之八字不曾見兩撇。”今通常作“八字没见一撇”。《儿女英雄传》第二九回：“不然，姐姐只想，也有個“八字兒没見一撇兒”，我就敢冒冒失失把姐姐合他畫在一幅畫兒的道理嗎？”在东北方言中，如：你这话说到哪八国去了；没那八宗事。按，俗语：“八字没一撇（事情很渺茫）”的意思是说，连“没影（八）”都因缺首笔而不能成立，即没影儿的没影儿。“八竿子打不着”，拉不上丝毫关系。这和我们的事八竿子打不着哇。按，旧俗，为了枣树能挂果，讲究“没枣打三竿子”，由此衍生此俗语。“打八竿子”即打无穷杆子。有时也说“八竿子打得着”，意思是有关系也很不亲近。“八出戏”，比喻家庭成员间经常发生的多种不和，犹“难念经”“难唱曲”。我们这八出戏是够难唱的。“八宗事儿”，没影的事儿。过去的事情，就当没那么八宗事儿。“九”，在东北方言中，带“九”的数字词只有两个。“九莲灯”，有九个灯头的串灯。有的地方取它的“九”义，用同“七个巧”“八匹马”的酒令。长九个花头的花。“九天”，数九天气。九天的皮子好。这里面的“九”为确指，与古汉语中“九”的“幸福、吉祥、至高无上”义，已相去甚远。“十”，在东北方言中，带“十”的数字词也就两个。“十不全儿”（迷信的说法）掌管疾病的神（传说只要在他身上贴上膏药即可祛除求神者相应部位的疾病）。比喻有多种疾病的人。这几年百病缠身，赶上十不全儿了。我给你问我们科里的十不全儿吧，他去年得过这种病。“十个头”，百分之百。这一含义由“十”的“顶点、十全十美”的意义引申出来，如我十个头地赞成。

二、与北京方言数字词的比较

古都北京以其政治、经济、文化中心的超级地位，人往人来，四方辐辏。特别是北方人，更容易在此会集、接触，北京话称为北方方言的代表。普通话既“以北方话为基础方言”，当然也包括北京话在内。北方话的地域虽广，人口虽多，词汇、语法却差别不大。胡明扬先生曾提过这样一个问题：“今天的北京话和周围的河北方言差别很大，而和吉林、黑龙江两省的东北话反而很接近，和哈尔滨话相去无几，和远在东北边陲的宁古塔的话几乎基本相同，这又是怎么回事？”从这里可以看东北方言与北京方言的确是有比较密切的关系的，它们之间的相似性应该是相互不断影响的结果。

在意义上，东北方言数字词和北京土语中的数字词有一定的相关性。从总体数量上来看，东北方言数字词要多于北京土语中的数字词，但在个别词中，如“十”开头的数字词，北京土语是要多于东北方言的。如：东北方言中的“十不全儿”“十个头”，这两个数字词在北京土语中都有，而且含义基本一致。在北京土语中还有“十准”“十有八九”“十五半遭”等。尽管北京土语中的这几个词在东北方言中并不经常出现，但是东北人都是可以理解其含义的。

东北方言词形象性的特点，在北京土语数字词中也有体现如“五雷嚎风”，形容暴怒的样子。“五花三层”，形容肉肥瘦相间。在北京土语中的“五”中，则多与北京的社会文化相关联。如“五虎棍”是一种民间杂技，由五人化妆扮演为剧中人，一人饰赵匡胤，红脸长须，另四人饰武士，勾抹花脸，手中持棍，边走边舞，伴随锣鼓。多在“走会”“朝山”时组成表演。还有“五带”“五供儿”等。

东北方言中，“二”主要为辞源中的第三个含义，是贬义的，常用于形容人或事物愚笨，口语中具有独特的语意。如“二八月庄稼人”，指农活不熟，不务正业的人。“二异子”，生理异常的人。“二虎八登”，亦称“二虎吧唧”，指缺心眼儿。“二八扣”，说话不准，不能令人相信。“二滑屁”，亦称“二花屁”，指不务正业的人。“二六嘲光”，指荒唐，不稳重。“二楞子”，指行动莽撞的人。而在北京土语中，“二”除了具备东北方言词中贬义的特点外，还具有描述某种事物的特点。如“二巴坎儿”，指事情正在进行的过程中。“我要走还没走呢，他跑来告诉我这个消息。正在二巴坎儿上，我倒没准主意啦！”又如“二等车”，北京农村中有用自行车货架载人收费的，俗称这种车为“二等车”，乘这种车，俗称“坐二等”。“二花脸”，京剧中充任配角的净角，也叫“副净”，简称“二花”，担任武打的叫“武二花”。“二拉八档”，言其事情正在进行中，尚未完成，另有一种也表示中途停止而无结果。“二毛剪碴”，指被剪过羊毛后未长丰满的羊皮，用作皮衣时指称。“二起楼子”，复叠的形状。“二尾儿”，北京人喜欢玩蟋蟀或“油葫芦”，称其雄性的为“二尾儿”，雌性的为“三尾儿”。“尾”读 y ǐ

三、与天津方言数字词的比较

天津从千年之前一个名不见经传的小小渔村聚落历经了由“寨”“镇”“卫”“州”“市”的逐步升格，终于发展成为一个千万多人口的直辖市，成为驰名海内外的历史文化名城，就是取决于天津得天独厚的地理位置。天津北枕燕山，东临渤海，北运河、子牙河、南运河等在三岔河口汇聚为海河，横贯市区东流注入渤海。河海相衔并毗邻北京，使天津成为南北交通枢纽和京散门户。天津方言区与周围的冀鲁官话区和北京官话区有较明显的差异，是一个在北方官话区内较大的安徽方言岛。据专家考证推论，这个方言岛中的天津话来源于江苏和安徽北部的方言，也可以说天津话是安徽江淮方言（宿州固镇一带的方言）与河北方言的合成品。由于京津两地特殊的地理位置以及政治、经济、文化、历史等千丝万缕的关系，京津两地的方言一直互相影响着，特别是近代国语和普通话的普及活动，以及20世纪90年代天津城市急速向外拓展和老城区改造人口的外迁，北京音系与静海音系“蚕食”着天津方言，使得天津话方言岛的范围越来越小。天津与东北同属于移民地区，所以就二者方言中的数字词进行对比，具有一定的意义和价值。天津方言数字词从数量上来看非常少，仅49个，和东北方言数字词的237个比较，相差很多。

（一）生动性与形象性

东北方言词语向来以生动性和形象性特点见长，天津方言数字词也具有了这一特点，除了数目不及东北方言外，也具有生动性这一特点。天津方言中数字词如“一连气儿”，表示连续的意思。“一阵两火”，表示有的时候；“一色儿”，表示一律、一样的含义。“一惊一乍”，表示突然，没有必要的惊呼、喊叫；“一窝儿”，指同父同母所生的子女；“八竿子打不着”表示生拉硬扯的亲戚关系；“两眼一抹黑”形容到了新环境感到人生地疏。

（二）语音上的差别

天津方言读音的特殊性，其声调最大的特点在于：“阴平上不去，上声下不来”，这一特点在方言数字词表现得也比较明显。如：而在东北方言中，声调的最大特点是“调值不到位”，即高低、升降、长短不分明。而在东北数字词中，这一特点表现得较为明显。

（三）天津方言数字词和东北方言数字词词汇方面的比较

天津方言和东北方言中，有一些数字词是共存与两种方言中的，如：“二把刀”“二皮脸”“二上”“二尾子”“二五眼”“一连气儿”“百岁”“千层饼”等词。也有一些表达上有细微差别，但意义相同的数字词，如：东北方言中的“一抹色儿”和天津方言中的“一色儿”，都是指“一律、一样”的含义；天津方言中的“四腿哈天”和东北方言中的“四仰八叉”，都是指“四肢叉开躺着的样子”；东北方言中的“五迷三道”和天津方言的“五迷三倒”都是指“神魂颠倒、迷糊不清”的意思；天津方言中的“一担一挑儿”和东北方言中的“一担挑”都是指“连襟”的意思。也有一些词是天津方言所特有的，如：“二盐”，是指颗粒比精盐稍大的盐面儿。将盐的种类有如此详细的区分，这与天津当时盐业发达有一定的关系。“三道眉儿”，是指青蛙；“一憋子”是指带嘴的、盛液体的容器等等。天津方言数字词和东北方言数字词还是存在很大的差别。同是移民输入地，东北的数字词与天津数字词有很大不同，这与他们的移民输入民系和语言不同有关。天津是一个商业移民城市，移民来源是南方民系、南方方言，所以数字词较少。

（四）与山东方言数字词的比较

由于“闯关东”等历史原因，使得东北与山东这两个地方，有着密切的关系。其语言和词汇的特点有一定的相似性。但由于各自语言形成的背景和环境的差异，又具有了一定的不同性。山东分布有中原、胶辽、冀鲁三个官话区，方言的分布与政区的范围不一致，因为政区不是按方言来划分的。在山东省，有众多的次方言和土语，相邻的县市之间的方言也不尽相同。从数量上来看，山东方言数字词的数量为 344 个，东北方言数字词的数量为 237 个。山东方言数字词的多样性在山东方言数字词中，由于地域差异等问题，同一个意思，可以由不同的词语来表示。例如：表示“一段时间”的数字词，一崩儿（枣，新），一磨儿（阳，滨），一闷儿（济，德）;表示一会儿的数字词，一霎（济，新），一霎霎（桓，青，寿），一伸儿（德）；表示“全部、清一色”意思的数字词，一划（德），划（威），一色子（牟），一杩儿（阳）;表示技术不高明的人，二把抹儿（曹，宁），二把 33 合子（新），二马枪（阳），二把刀（曲）;表示天上的金星的数字词，三毛楞（德），三毛（滨）；表示中指的数字词，三们指头（阳），三拇指头（枣，滨，阳）；表示划拳呼数，指“六”，六来（滨，桓，阳），六六（滨），六六顺（桓）。“二”的使用在东北方言数字词中，“二”具有贬义，而在山东方言中，这一特点也非常明显。如：“二八抹儿”，指八分本事。“二不愣子”（威、青）、“二杆子”（宁）、“二拼子”（曲）、“二哥货”（桓）、“二半吊子”（岛）、“二当”（桓）等词均表示“半吊子”的含义。“二尾子”“二页子”（枣）等词表示“两性人”的含义。

其一，形象性与生动性。东北方言的数字词，多以形象性、生动性为主要特点，而山东方言则主要是以描述性的特点见长。如八卦溜（威），海流的一种，二十四小时内，从某一点按 360 度改变流向。八十毛儿（阳，菏），小孩儿后脑勺上留的一撮据说能使人长寿的头发。九天里（曹），从数九起至“九”尽的时期。百能生法儿（菏），千方百计。十磨日（寿）正月初十日。九重日（威），重阳节。二十几儿里（阳、曲、曹、德），下旬二把抹儿（曹，宁），技术不高明的人。同时也有“二把刀”的说法。八八席（青），农村办喜事的一种丰盛宴席并排两个套和农具的横木，一侧有铁鼻用以挂套，另一侧中间一铁钩，用来挂接所拉的农具。通过上面的对比，可以看出：由于不同的环境和文化的差异，使得各方言之间有着一定的差别，但由于移民、地理位置的相近，使得各方言之间又存在着一定的相似性。随着普通话的推广，以及一些方言词语不断地进入普通话，使得方言词之间的词语含义，是可以互相理解的，尤其在这几种方言词中，个别词语的说法和用法略有差别，但意义却是一致的。

第二节　东北语言词性词语的构成特点研究

一、东北官话名词附加式构成特点

我们这里所讨论的附加式是指由表示具体词汇意义的词根和表示某种附加意义的成分组合而成的构词方式。需要强调的是，这里表示附加意义的成分不仅包括传统意义上的词缀，也包括有虚化程度不及词缀但已有明显虚化倾向的具有类别意义的语素。我们将称这种语素包括在前加成分和后加成分中一并讨论。根据附加位置的不同我们将其分为前加式、中加式和后加式。下面我们将从表义类型、构词类型、表达作用三个角度对其进行分析研究。

（一）前加式

根据附加成分音节数量的多少我们将前加式分为单音前加式和双音前加式。单音前加式中的前加成分为一般意义上的词缀而双音前加式中的前加成分是由单音词缀构成具有类化作用。

第一，单音前加式。

（1）老

其一，表义类型。

在普通话中“老”作为前缀“用于称人、排行次序、某些动植物名”。在东北官话中名词前缀“老”远比普通话用得广泛，可分别用于称人、序数、具体事物、抽象概念、动植物。

①其中有用于称人时可指称具有某种性格或特点的人。称人用于指称具有某种性格或特点的人，如老八板儿拘谨守旧的人、老倒子没见过世面的人、老嘎又抠搜又固执的人、老钱锈吝音鬼、老舔称溜须成性的人、老蔫儿不爽朗、不爱讲话、不善交际的人、老直本直性人、老齁巴慢性气管炎或肺气肿的病患者、老冒儿对孤陋寡闻的人的蔑称、老赶对穿着打扮不入时、举止行为土气、没经验、少见识的人的蔑称、老闷儿少言寡语的人、老跑腿子光棍、老抹冤大头、老古板不懂行而又带傻气的人。用于称职业，如老板子畜力车的驭手、老客儿以经商为职业的人、老千儿古代下级官吏。称亲属称谓常用于夫妻或晚辈对长辈。如老扰指老伴、老丈眼子指别人对自己岳父的称呼。用于称外来人和外行人。用于称外来人时主要包括外省人、外国人和乡下人三类。如老靴子旧指蒙

古人，老窗儿指唐山，滦县一带人或带有该地口音的人。

②用于序数。

“老”用于序数时可直接用于数词前，作用相当于“第”这与普通话用法相同不再赘言。用于其他词语前表序数时一般表“最小”之义。如老小子最小的儿子、老丢儿排行最后一个、老丫儿最小的女儿。

③用于称具体事物。

如老末渣（零碎而短小、挑剩下的东西）、老影家谱、老爷儿太阳、老面面肥酵子、老吊起重机、老白干儿白酒。

④用于称抽象概念。

如老把头（传说是保护挖参、打猎人的神仙）、老哇勺子（乌鸦）、老虎妈子（虎的通称）、老家贼（麻雀）、老臭（臭虫）、老蟑（蟑螂）、老苍子（苍耳）、老面兜儿（面瓜）。

其二，构词类型

①“老”作为前缀的构成法从音节上来看最简单的是“老”加单音节词根成为双音节词，也有“老”加双音节词根和加三音节词根构成三音节词和四音节词。从词根性质上来看有不成词语素和成词语素两种类型。从构词方式上来看，有“老”直接附加在词根上的也有附加成词后作为修饰成分再和其他词语组合成词的。下面我们以词根的音节数量为主要划分依据结合构词方式加以分析。“老”附加单音节词根构成的双音节名词词根以名词性、动词性和形容词性为主，个别也有数词表达式为“老十名动形数”。其中名词性词根根据其词根的独立性可分为两种。

一种是词根可以独立，如“老面”；一种是词根不能独立但前面一旦加上“老”便可作为名词独立成词的如“老蟑”。动词性词根一般为表示动作、行为的动词如“老舔”“老吊”。形容词性词根一般为性质形容词，如“老臭”“老窗”。需要注意的是词根为数词时数词不是开放性的一般小于等于九，如可说“老二”，一般不可说“老十”。老”加名词性、动词性、形容词性词根的附加形式构成名词表达式为“老名动形十后缀”其中后缀主要是“子”。根据去掉“老”后附加式部分的独立性可分为两类：一种是可独立的如“老板子、老客儿、老蔫儿”一种是不可独立的如“老倒子、老袒儿、老闷儿”。“老”可以加名词性和形容词性双音节词根构成名词如“老鹌鹰”“老古板”。个别可附加在其他的语素前构成名词如“老十方子”老西人、“老十数”老千儿。由于比较少见这里不再赘言。

“老”构成的多音节名词我们根据其构词方式可将其分为对加关系和递加关系两种。对加关系指双音节词根前加词缀“老”后附词缀“子儿”形成头尾对加的关系。划分形式为“刀刀”，即主要依据与的紧密程度来划分递加关系指“老”作为附加成分先与邻近的词根组合，再共同与后面的双音节修饰成分组合成名词，即主要依据与的离散程度来划分的。表达式为如“老刀虎妈子”。

其三，作用。“老”作为前缀具有成词、改变词义、特指、改变词性、主观评价的作用。我们下面选取代表性的例子加以分析。

成词作用是指将不成词的语素变成词的作用。不成词语素是指不能独立成词只有和别的语素组合才能成词。“老”就具有使不成词语素成词的作用。如“老嶂”“老蒯”“老末渣”，词根都是不成词语素不能单独使用但加上“老”后便可独立表义。

改变词义是指可以改变词的理性意义。“理性意义也称概念意义或指称意义属词义中指示、反映客观事物的那部分内容是词所指称的具体对象。”前缀“老”改变词义的作用集中体现在词根为名词性的词上，主要表现为四个方面：可以使物被人化、使人被物化、使具体事物抽象化、区别不同的人。我们分别举例对比如下具体事物—人抹子—老抹子冤大头人—具体事物爷儿—老爷儿太阳具体事物—抽象概念猪腰子—老猪腰子固执的主意人—人客儿—老客儿称客商。

特指作用是指能使附加后的词的理性意义缩小具有特指的意义。这与改变词义的作用是完全不同的。如“老面”面肥酵子是面中的一种，并没有超出其上一级词的概念意义的外延。改变词性是指将不是名词的词变成名词。前缀“老”改变词性的作用主要表现在将动词和形容词变为名词如“老赶”“老蔫儿”。个别的可以将数词变为名词如“老二”。我们在前面的构词类型的分析中已经做了全面细致的分析这里不再赘言。

主观评价作用是指“既不改变词性又不改变词义而是在词上附加上人的喜爱或憎恶的感情”。“老”作为前缀在表示某些具有性格或特点的人、外地人和外行人、动物的称呼时多有鄙视、厌恶之感，是一种蔑称。个别用于表示亲属称谓和序数的词可表亲昵之义是一种爱称。我们可结合例句加以体会。

②大

表义类型

由前缀“大”构成的名词可分别用于称人、人体器官、具体事物、抽象事物和动植物。其中用于称人时可指称具有某种性格特征、不良嗜事物、抽象事物和动植物。其中用于称人时可指称具有某种性格特征、不良嗜好、缺点的人称职业和称外地人。

其一，用于称人。

多指具有某种性格特征、不良嗜好、缺点的人。大拿，在某方面有权威的人，用于

称职业

③用于称外地人

如大南满辽宁人。

其二，用于称人体器官。

如大白眼（从外观看正常而实际看不清东西的眼睛）、大梁（骨脊柱）、大鱼际（拇指掌侧隆起的部分）。

其三，用于称具体事物。

如大白粉刷墙壁用的白至、大白仍废物、大膘月亮比较丰满而明亮的月亮。

其四，用于称抽象概念，如大戏京戏。

其五，用于称动植物。如大瞎朦牛蛇、大马猴儿想象中的一神怪兽、大瞎颗粒残缺的穗儿或棒儿、大熟季蜀葵、大秋当地栽种的一种小苹果、大腊雅大丽花。

（2）二。在普通话中，“二”只有两个义项“①一加一后所得的数目；②两样”。可见“二”作为词缀是方言中的用法。在东北官话中“二”作为词缀的构词能力有限能产性不强属于封闭类。下面我们分别加以分析。

在表义类型上，主要用于称人其中多指称具有某种性格或处于某种状态的人，少量用于称具体事物和植物。

用于称人。二把刀对某项工作知识不足，技术不高的人、二杆子蛮横不讲理的人、二虎缺心眼的人、二滑屁又要嘴又不干正经事的人、二赖子小无赖、二老面老实、好欺负的人、二椽子穷困潦倒的人、二大爷农村中指游手好闲又调皮捣蛋的人、二混子游手好闲不务正业的人、二脖溜子游手好闲的人、二蹦子指调皮捣蛋的人、二反指缺心眼做事又不好并受愚弄要笑的人、二花屁好说好闹不正经的人、二赖尖子指好吃懒做、游手好闲的人、二劳改对劳改就业人员的称呼、二傻子傻子、二鬼子汉奸走狗、二鼻子称侵华的日本人。

用于称具体事物。二马车专门用来拉客的马车、二粘糊头又粘又烂的粥、二彪子原本去掉外皮后锯成的板材、二葫芦头指勃粥、二棉鞋薄棉鞋。

用于称植物。二甲，一种低档草参。

在构词类型上，“二”加单音节词根构成的双音节名词比较少，词根有名词性、形容词性和数词性，如“二层”“二虎”“二甲”。三音节词的构词方式是最为丰富的可以与名词性、动词性的双音节词根附加如“二马车”“二劳改”。也可以与名词性、动词性、形容词词根的附加形式构成名词如“二杆子”“二混子”“二傻子”。“二”构成的多音节名词根据构词方式的不同可分为递加关系和对加关系。如“二刀赖尖子”“二葫芦头”。

在作用上，“二”具有改变词义、改变词性、特指、强调和主观评价的作用。改变词义的作用表现为可以区别不同的人，使物人化，如“大爷”“鼻子”加上“二”后词义完全不同。改变词性的作用表现在可以使形容词和数词成为名词，如“二虎”“二甲”。特指作用如“马车”加上“二”后便特指“专门用来拉客的马车”。“二”的强调作用是比较明显的，如“二赖子、二混子、二傻子”与“赖子、混子、傻子”的理性意义并无差别，只是加了“二”后更强调了人“无赖、游手好闲和傻”的特性。主观评价作用集中体现在贬义色彩上一般称人时具有讥讽之意。如“二傻子”“二杆子”。

（3）小。在表义类型上可以用来称人、具体事物、抽象概念、动物。如：用于称人小精人儿指日常办事比较精明的人、小抠儿吝音或吝音的人、小打儿侍从仆人、小给扒手、小力巴儿旧指学徒、小伙计、小柜腿子旧指店员、小支使儿打杂的、小烧儿火车机车上的司机、小鬼子日本人。

用于具体事物，如小病儿怀孕、小票儿铁路上的短途客车；用于抽象概念小话儿低声下气的话、小性儿常因小事而发作的坏脾气。

在构词类型上“小”加单音节词根构成的双音节名词词根可以是动词性的如“小咬”。三音节词主要是“小”与名词性、动词性词根的附加形式构成的如“小性子”“小烧儿”。“小”构成的多音节名词从构成方式上看只有对加关系一种如“小柜腿子”“小支使儿”。从以上分析可见在三音节以上的词中“小”作为前缀都会有后缀“子儿”同时出现这种搭配性不能视为一种巧合——我们认为后缀“子儿”在某种程度上产生了促使“小”词缀化的作用。

在作用上“小”具有特指、改变词性和主观评价作用。特指作用比如“小病儿”特指怀孕。“小”在改变词性方面的能力不强只出现将动词变为名词的情况，如“小咬”。在主观评价作用方面表现为称某些人、职业、外地人和抽象概念时多含有一种贬义色彩，如“小抠儿”“小打儿”“小鬼子”“小话儿”。用于称动物小咬，指朦、纳等类昆虫。

（4）半。“半”作为类词缀在东北官话中是比较少见的，“在词语中位置固定意义虚化倾向明显”，因此也列入我们的考察范围之内。

在表义类型上，主要用于称人也可用于称具体事物、抽象概念和动物。如用于称人半彪子不懂事理行动鲁莽的人、半语子言语功能有严重障碍说话很不清楚的人、半拉子日指未成年的长工今指半劳动力、半潮半傻不傻的人、半扎傻子、半身子人寡妇。

用于称具体事物，半臂子小水桶。用于称抽象概念，半拉架大致的情况初步的技能。用于称动物，半皮黄鼠狼。在构词类型上虽然词例不多但都比较有代表性。“半”与单音节词根构成的双音节名词词根可以是名词性、动词性和形容词性的，如“半皮”“半扎”“半潮”。三音节词中“半”可以与名词性或形容词性词根附加构成名词。如“半臂子”“半彪子”。构成多音节名词时也有递加关系，如“半身子人”。在作用上“半”具有成词、改变词义、改变词性和主观评价的作用。其成词作用表现在可以将不成词的语素成词。如“半语子”“半拉子”去掉“半”后“语子”“拉子”是不能独立使用的。在改变词义方面我们上面受收词例去掉“半”后词根与原词理性意义不同的不占少数，如“半皮”与“皮”词义完全不同。“半”在改变词性方面的作用是比较明显的可以将动词、形容词变成名词如“半扎”“半潮”。在主观评价方面当用于称某些性格、能力、人体机能存在缺陷的人时常有鄙视、讥讽之意贬义色彩明显如“半彪子”“半拉子”“半语子”。

（5）巴。“巴”在方言中常用做名词、动词和形容词的后缀，用于名词前缀的情况在各方言中是极为罕见的。只有山东寿光话出现了“巴”作为名词前缀的情况，其多用在单音节和双音节名词前，一般表示卑小的意味。如“巴子、巴耳、巴罩儿、巴潜子、巴顶子”。在东北方言中“巴”作为类前缀组成的词语也是极其有限的不具有能产性是封闭类。我们下面结合词例具体分析。

在表义类型上可以用于序数和称具体事物，如“巴末”最后一名、“巴梢子”最后一次、遍、回、“巴镯子”阴虱形钉、“巴臂子”木制水桶。在构词类型上只能和名词性词根或名词性附加形式组合，因此不具有改变词性的作用。“巴”的作用体现在改变词义、增加方言色彩和口语色彩两方面。改变词义的如“巴梢子”去掉附加成分后“梢”指“条状物的较细的一头”，与原词词义不同。增加方言色彩和口语色彩指有些加前缀“巴”的词语在普通话中有对应的非词缀化词语，两者在词的理性意义上是相同的，只是附加意义略有不同，区别在于加上前缀“巴”后增加了词语的方言色彩和口语色彩，如“巴锡子—锡子”“巴臂子—臂”。

第二，双音前加式。

在东北官话中名词的前加式不仅有单音节也有双音节的。虽然这样的词不多但具有一定的独特性。我们现将具有代表性的前缀“小老”和“大老”从表义类型、构词类型和作用三个方面加以分析。

（1）小老

在单音节附加式中我们对前缀“小”和“老”作了详尽的分析，两者具有诸多共性这也是两者能够共同作为前加成分的主要原因之一。我们看下面的例子。

小老疙瘩自谦称我犹最小辈分、小老大旧社会中的小头目、小老丫最小的女儿、小老样儿轻蔑语表示瞧不起人、小老妈女仆、小老豪儿男孩脑后留的一撮头发其他的地方都剃光，在表义类型上主要用于指人和次序，只有“小老豪儿”用于称物。

在构词类型上以名词性词根为主，如“小老妈”“小老样儿”。形容词性词根只有“小老大”一例。值得注意的是“小老疙瘩”的构词类型比较特殊。在这个词中“小老”和“疙瘩”都出现了虚化倾向。

在作用上能够改变词义如“小老样儿一样儿”“小老妈一妈”意义完全不同。能够改变词性如“小老大”。另外还具有浓郁的主观评价色彩其中“小老疙瘩”“小老丫”具有爱昵的感情色彩。“小老样儿”“小老妈”则具有轻蔑、戏谑的感情色彩。

（2）大老

“大”和“老”两者勃合共同作为前加成分会呈现出一定的特点。例子如下。大老李姓李的人、大老王姓王的人、大老黑体力劳动者有时特指农民大老粗指没有文化的粗俗之人、大老爷们儿指成年男子、大老娘们儿指成年女子、大老儿大丽花。

在表义类型上主要表示人称称谓和某类人其中“大老”用在姓氏之前

表示人称称谓时一般用于同辈之间。只有“大老丫儿”一例用于称物。在构词类型上“大老”一般附加在某些名词性或形容词性词根前。在作用上能够改变词义，如“大老黑一黑”“大老丫儿一丫”。能够改变词性如“大老黑”“大老粗”。主观评价作用表现在称某类人时一般含有戏谑或轻侮义如“大老黑”。

（二）中加式

在学界中对中缀的界定一直以来存在一些争议。因此我们根据本方言的特点提出东北官话中缀相应的适用标准。定位性。在构词时中缀位置居中前后各附加语素。基本构词类型为词根中缀词根后缀。

附加意义。在表义时中缀不表示词的理性意义但具有多种附加意义。“附加意义主要指形象色彩、语体色彩、感情色彩等意义。”轻音化。作为中缀在语音上比较明显的特征就是轻音化现象。

第一，典型中加式。

在东北官话中名词中缀的使用相对普通话要丰富得多，其中比较典型的有“拉”和“巴”我们下面分别加以讨论。

（1）拉。在东北官话中“拉”常用作动词后缀，但也可以用作名词中缀使用。下面我们分类加以分析。

1. 表义类型

在表义类型上中缀“拉”构成的名词可以用来称人、人体器官、具体事物、抽象概念、动植物和处所。示例如下用于称人叉拉货贱人、嘎拉秃子外行人力巴头用于称人体器官躁拉骨踩骨。用于称具体事物布拉条儿碎布条、粗拉物不值钱的东西。摸拉鱼子木鱼、趴拉缸粗矮形状的家用缸、吱拉火儿旧指火柴、土拉块土块、乌拉毛子毛毛雨、汗拉布涎布、花拉棒儿一种儿童玩具、卡拉气儿袍子、哈拉皮牲畜肉间的软组织、蛤拉肉蛤喇的肉

用于称抽象概念地拉迫子指矮而粗的体格、活拉话不肯定的话、遮拉机儿不外露的才能、哈拉味指油性的食物发霉变质后产生的气味用于称动植物胡拉布子当年生的小羊、巴拉狗儿哈巴狗、油拉罐儿一种长嘴鸟、泥拉够子泥鳅、扒拉棵子不拔高只挨地皮伸叶的菜类、乌拉草一种植物用于称处所窝拉兜子山间的低洼处、驼拉腰子山坳山腰间平展的洼地、构词类型。

2. 在构词类型上

三音节词中的中心词根都是名词修饰成分中的词根可以是名词性和形容词性的如"踩拉骨""粗拉物"。四音节词中按后缀的类型可分为"子"类和"儿"类。"子"类中的中心词根全部为名词修饰成分中的词根可以是名词性和形容词性的如"窝拉兜子""乌拉毛子"。"儿"类的中心词根为名词性的根据修饰成分中的词根词性又可分为名词性、形容词性、拟声词性的表达式为"名形拟拉名十儿"如"油拉罐儿""扒拉棵子""吱拉火儿"。可见四音节词中"拉"与后缀"子""儿"的搭配性很高。

3. 作用

在作用上中缀"拉"具有成词、改变词义、主观评价、修饰以及增加方言色彩和口语色彩的作用。

首先，成词作用大多数情况下"拉"作为中缀是构成新词的必有成分具有成词的作用。省略后不成词或者会改变原意，如"叉拉货""葛拉钱儿""胡拉布子"。其次，改变词义。由于"拉"前的词根多是形容词或动词，一旦去掉"拉"就有可能改变词义甚至是使名词成为词组，如"油拉罐儿一种长嘴鸟一油罐儿装油的罐子"。再次，主观评价作用。"拉"的主观评价作用表现在用于某些人或抽象概念时常带有贬义色彩，这主要受"拉"前的动词和形容词常含贬义所致。如我为娶你这个叉拉货受过多少欺和辖。《东北方言词典》，这东西搁多久了一股哈拉味。再者，修饰作用。由于"拉"常作为连接名词与名词、形容词与名词的中缀，因此具有明显的修饰作用，相当于"的"或"地"的作用。如土拉块、布拉条儿——相当于"的"粗拉物、活拉话——相当于"地"。增加方言色彩和口语色彩，在东北官话中个别由"拉"作为中缀构成的词语可以省略"拉"省略后与普通话中的释义相同但是在语体色彩上却有不同，一般具有方言色彩和口语化的倾向如"躁拉骨一躁骨""布拉条儿一布条""土拉块一土块。"

（2）巴

“巴”作为词缀常用于动词性、形容词性后，因此作为名词中缀的特点与“拉”比较相似但分布完全不同，呈现出对立分布的特点。下面我们仍然从表义类型、构词类型和作用三方面加以分析。

1. 表义类型

在表义类型上中缀“巴”构成的词语可以用于称人、人体器官、序数、具体事物、抽象概念、植物和处所。其中有的词虽用“八”作为中缀但我们认为是一词多形的现象因此与“巴”归为一类讨论。示例如下：

用于称人二巴颤子二把刀、外巴秧再嫁妇女所带去的孩子集团的圈外人外姓人、左巴徕不会办事的人、哭巴精指爱哭的孩子、二巴潮子傻子、察巴嘈子指好查看打听别人事情的人、二巴愣子冒失、粗鲁的人、贱巴猴下贱的人、乡巴佬指乡下人、二八奶指缺心眼呆痴的人。用于称人体器官旋巴楼子两屁股蛋儿之间、哈巴车下巴骨、胯巴轴儿髋关节、斜巴瞪斜楞眼、卡巴裆两条腿的中间部位。用于序数卡巴拉多个子女中的最后一个、拉巴渣儿动物的一生多胎中首先娩出个头最小。用于称具体事物叉巴拉卡巴拉叉巴驴儿树或其他物体分枝形成的“丫”形体、苏巴汤白菜辣椒、醋做成的汤、家巴什儿用具器物家具、手巴掌子棉手套、蒜巴疙瘩用窄布条绿的细带编成的纽扣、杂八凑儿东拼西凑也指拼凑在一起的东西。用于称抽象概念二巴很子两夹很或此或彼的关键处。用于称植物酸巴浆一种野生植物味酸嫩时可食。用于称处所二八措子城市不诚市乡村不乡村不是个正经地方。

2. 构词类型

在构词类型上。三音节词可根据中心词根的词性分为名词性和动词性两种。第一种根据修饰成分中词根的词性可分为名词性、动词性、形容词性和方位词性的表达式为“名动形方十巴名”，如“乡巴佬”“哭巴精”“贱巴猴”“外巴秧”。第二种根据修饰成分中词根的词性可分为动词性和形容词性的表达式为“动形巴动”如“查巴介”“斜巴瞪”。四音节词可根据后缀可分为“儿”类和“子”类。“儿”类中心词根都是名词性的修饰成分中的词根也是名词性的如“胯巴轴儿”。“子”类比较复杂中心词根可以是名词性、动词性和形容词性的，如“肋巴扇子”“二巴颤子”“二巴潮子”。可见中缀“巴”与后缀“子”“儿”的搭配性也是很高的。

3、作用

在作用上中缀“巴”与“拉”一样都具有成词、改变词义、修饰和主观评价作用。大多数词语去掉中缀“巴”后是不能成立的，如“左巴徕”。某些词语中加中缀“巴”

可以起到改变词义的作用，如“手巴掌子棉手套—手掌”。一般来说“巴”前的词根用做修饰成分，“巴”作为一种标志作用相当于“的”“地”，如“乡巴佬”“酸巴浆”。“巴”在称人或某些器官时常带有贬义色彩如“乡巴佬”“斜巴瞪”。

第二，非典型中加式。

在东北官话中有一些中缀和衬音成分虽然涉及的语料比较少但是却能反映一定的语言事实。下面我们在现有语料的基础上力尽对其语言特点做到详尽的分析。

（1）头。“头”可以加在形容词后作为修饰成分与其后的词附和成名词表示人或动植物，具有成词、修饰和主观评价的作用。如青头愣愣头青未成熟的瓜果被日光晒青的马铃薯指鲁莽的人。

（2）个。在东北官话中“个”常出现在譬辞中用于连接亲属称谓和人体器官，其作用相当于结构助词“的”，具有明显的贬义色彩和口语化倾向。如妈了个巴子骂人话、妈了个腿骂人话、爹了个登骂人话、奶奶个腿骂人话、奶奶个弦子骂人话、妈了个巴子骂人话。

（3）么。“么”可以认为是“巴”音变的结果，用在名词、形容词后与另一词根组合成名词，可用来表示具体事物和处所具有修饰作用和口语色彩。如瞎么触了子土拨鼠、斜么子儿葵花子儿、苦么菜芭卖菜、家么什儿用具器物家具、大么街、大街四不，“不”可以认定为是“巴”语音弱化的结果是一个音节单位在一个词中只起表音作用构词能力很弱能产性有限。

（4）了。“了”一般出现在四音节中起到凑足音节的作用，增加了口语的色彩。如木了鱼子木鱼、老孤了子指老的单身汉、妈了个腿骂人话。

（三）后加式

后加式是附加式中构词能力最强的一类，我们依然根据后加成分的音节数量将其分为单音后加式和双音后加式两部分来讨论。在单音后加式中不仅包括典型后缀“子”“儿、“头”，还包括非典型后缀“巴、“性”“拉”。双音后加式中讨论的后加成分不属于典型意义的后缀，但是虚化倾向明显具有类型学意义因此也在我们讨论的范畴之内。

单音后加式。

（1）子

“子”作为后缀的能产性很强相关词汇极其丰富。由于文章篇幅的限制我们秉承“类型化”的宗旨只在每种类型中选取有代表性的例子进行分析。

①表义类型

后缀“子”构成的名词表义类型极为丰富可以用于称人、人体器官、具体事物、抽象概念、动物、植物和处所。其中用于称人时可指称具有某种性格特征、嗜好、身体特征、病理特征或处于某种状态的人称职业、称亲属称谓、称外来人和外行人。

首先，用于称人主要用于称有某种性格特征、嗜好、病理特征或处于某种状态的人。

性格特征彪子鲁莽的人、傻柱子称呆笨的男人、洋二色子格色的人、生反豆子指吝音、小气的人，嗜好；菜耙子吃饭时偏贪于吃菜的人、滑杆子好吃懒做的人、赖卿豪子指好哭的小孩。身体特征；偏脸子指脸的两旁部分长的不匀称的人、小良子指矮小的。小孩、莫牙子没牙的人。病理特征拽子指胳膊有毛病不能转动的人、摔子失去一只胳膊的人、罗锅子驼背的人某种状态小生荒子指刚步入社会实践经验极少的社会青年、三孙子身份极其低微的人、月婆子坐月子的妇女。其他带犊子外人称妇女改嫁带到男家的孩子、小杂豆子小孩儿、二五子指似懂非懂不太明白的人。

用于称职业。

如车老板子赶车的人、科杈子对科级干部的蔑称、煤黑子旧时称煤炭工人。

用于亲属称谓。如汉子丈夫、老伴口子老伴少、口子对人称说自己的爱人用于称外地人和外行人。如西子山西人、京油子对北京人的贬称、生荒子生手。

用于称人体器官。如壳子脑袋、牙花子齿跟牙床、黄白净子白里透微黄洁净的脸。

用于称具体事物。在东北官话中许多表示人们衣、食、住、行等具体事物的名词都有“子”作为后缀的现象。如衣棉主腰子棉上衣、围腰子工作时围在身前保持衣服或身体的东西、皮幌子皮毛做裹儿的中式长衣食酒梢子末流酒次酒、起子焙粉发面用的白色粉末、焖子一种用淀粉做的食品住土子粉刷用的粉状染料、挎子船上用木头铁皮等做成的蓬状物、山花子山墙人字形屋顶的房屋两侧的墙壁、行屁驴子摩托车、落子掩船、枯辘马子轨上运行的小型板车工具擦子礁床、抄络子捕鱼工具、石头窝子雄舂米用具其他币子货币钱、冷子冰雹、条子细长的树的枝条特指金条。

用于称抽象概念。如由子理由借口、臭膀子狐臭、大口落子沈阳评剧。

用于称动物。如黑小子黑熊、瞎爬子一种昆虫、蹄寸子畜生蹄子之上、小腿下部长有护蹄毛的部分约有一寸宽、水老鹤子鸿鹅。

用于称植物。如玻璃哄子矮小的柞树、石柱子石竹、苍子苍耳。

用于称处所。如窑子妓院、地场子生荒地、雨搭子门外遮雨的建筑物。

②构词类型

在构词类型上我们根据音节数量分三类讨论。第一类双音节词词根。以名词性、动词性、形容词性为主，如“壳子”“摔子”“彪子”也有量词性和方位词性，如“条子”“西子”。三音节名词是主要的也是比较复杂的构词形式。“名名子”“形名子”“名动子”“动名子”

为主如“山狗子”“傻柱子”“雨搭子”“带犊子”。其他的如“名形子”煤黑子、“名量子”蹄寸子、“数十名子”三孙子、“形动子”瞎爬子、“形形子”黑小子、“数数十子”二五子。四音节词根据其构词方式可分为递加、对加、并加三种关系。递加关系是四音节中最主要的构词关系，如“后脑刀勺子”“骚跑卵子”“杂豆子”。这里的对加关系指双音节词根前加修饰成分后附加后缀“子”。如“水老鹤刀子”“车老板刀子”“小生荒刀子”。并加关系比较特殊指“子”前的语素联合起来共同与“子”附和成词。划分形式为“心”即主要依据之间的紧密程度划分的。如“黄白净子”。

（3）作用。后缀“子”的作用极其丰富它具有成词、改变词义、特指、改变词性、小称、主观评价以及增加方言色彩和口语色彩的作用。我们下面分类进行详尽的讨论。

1. 成词作用“子”能起到很好的成词作用。我们根据词根与“子”尾的紧密程度分为以下四类。

第一类词根与后缀“子”结合紧密，即使前面加修饰成分依然不能去掉“子”尾。如“勒子旧时对蒙古人等少数民族的称呼“骚靴子”“裤子尿布一尿稿子”“起子焙粉一面起子”。

第二类词根与后缀“子”结合较紧密，前面加修饰成分后一般不可去掉“子”除非用“儿”尾代替“子”尾。如“患子儿子一孩患子、孩患”“棒子玉米一玉米棒子、玉米棒儿”。

第三类词根与后缀“子”结合不紧密，前面加修饰成分后“子”尾会产生两种结果一种必须去掉如“蟹子螃蟹—河蟹”“瘤子肿瘤—脑瘤”“款子款项钱—钱款”一种可去掉普通话也可不去掉方言如“坠子吊在下面的东西—耳坠耳坠子”“膀子肩膀一肩膀、肩膀子”“铐子手铐—手铐、手铐子”。

第四类词根与后缀“子”结合不紧密前面加修饰成分后“子”尾必须去掉同时后面需要加上“儿”尾。如“冻子汤汁等凝结成的半固体—肉冻”“膘子膘肥肉—肥膘儿”“屯子村庄“拉拉屯”。

2. 改变词义后缀。“子”改变词义是指词的理性意义发生变化其作用表现在能使具体事物人物化、区分不同人、区分不同事物和具体事物抽象化。如具体事物一人。豹一豹子比喻最厉害或了不得人。

3. 特指作用。后缀“子”的特指作用比较明显。如“粉—粉子化妆时用的香粉”“局—局子旧时指警察局等”。

4. 改变词性。后缀“子”在改变词性方面的作用很强，可以使动词性、形容词性、数词性、量词性、方位词性的词变为名词，甚至可以使某些谓词性短语变为名词。前面已经做了详细的分析这里不再赘言。

5. 小称作用。后缀“子”具有明显的小称作用，常出现在表示器官、事物、器物、动物、植物等词中表示微小之意。器官服子趼子老趼、嘴子嘴、痕子庆的通称。事物指子小手枪、破子破成两瓣的粮食粒、快马子尖头小船器物抹子瓦匠用来抹墙等用的工具、马扎子一种小型坐具、拖子拖布动物欧子米中的黑虫、鹿子小型的鹿、鲤拐子个头儿较小的鲤鱼，植物棒子玉米、香瓜子香瓜、树栽子树苗。

6. 主观评价作用。有些“子”尾带有较强烈的主观评价作用，可表憎恶、嘲讽之意，也可表亲切、喜爱之情。但是总体上表达贬义色彩的居多。如憎恶老梆子指年老人、狗腿子给有势力的坏人奔走帮凶的人走狗、尿子不正经的人。嘲讽土包子指没有见过世面的人、拽爪子手残疾的人、三孙子身份极其低微的人，亲切、喜爱当家子同族的人、本家、汉子丈夫、老伴口子老伴儿。

7. 增加方言色彩和口语色彩。

有一些在普通话中不加后缀“子”的词语在东北官话中常出现“子”尾，这是当地居民的一种语言习惯，客观上增加了词语的方言色彩和口语化倾向。如“货郎—货郎子”“粉条—粉条子”“体格—体格子”。

第二，双音后加式。

我们讨论的双音后加式是共性特点比较明显的形式上词尾多数带有“子”“儿”为主语音上尾音轻音化语义上偏虚化、类型化作用上主观评价化。下面我们分为“子”类双音后加式、“儿”类双音后加式和其他三部分来讨论。

（1）“子”类双音后加式

1. 棒子

“棒子”在东北官话中用法独特，在表义类型上可以用于称具有某种不良品性和处于孤身状态的人以及外地人、职业、具体事物和动物具体。如用于称人胡涂棒子又糊涂又蛮横的人、绞根幼棒子比喻胡搅蛮缠的人、花丽棒子贬称衣服过花的女人、光腿棒子年龄大之未婚男子、孤老棒子老年单身汉、绝户棒子无儿无女的人、孩棒子孩子用于称外地人辽阳棒子旧时对辽阳人的贬称、山东棒子对山东人的贬称用于称职业手艺棒子对手工业工人的蔑称、体育棒子从事体育行业的人。用于称具体事物手棒子手铐。用于称动物花丽棒子松鼠蛙类的一种皮上有花斑翅上带斑的蜻蜓、胖砂助勺头棒子胖头鱼、黑鱼棒子黑鱼。

在构词类型上三音节词词根都是名词性的，如“手棒子”。四音节占主体双音节词根可以是名词性、动词性和形容词性的，如“黑鱼棒子”“绝户棒子”“胡涂棒子”。

在作用上主观评价作用明显。在指称具有某种性格的人、外地人或从事某行业的人时通常是一种蔑称常含有贬义色彩如“胡涂棒子”“辽阳棒子气”“手艺棒子”。

2. 皮子

“皮子”在表义上可以用于称人和具体事物其中称人时可用于表示具有某种癖好、性格或职业的人。示例如下：

用于称人舞皮子不干工作经常跳舞鬼混的人、球皮子指玩球成癖的人、贼皮子禁得住打的人、贱皮子不知好歹的人、皮子固执的人、抠皮子小偷儿。

用于称具体事物混皮子扑克或麻将中紧挨着“混儿”的牌。

在构词类型上集中体现在三音节词上词根可以是名词性、动词性和形容词性的，如“球皮子”“混皮子”“贱皮子”。在作用上用于称人时主观评价作用明显具有轻蔑的贬义色彩如“贼皮子”。

3、头子

“头子”在东北官话中可以用于称人、人体器官、具体事物和抽象概念，其中称人时一般指处于某种不良状态的人，称具体事物时适用于残损破旧的器物。

用于称人跑头子男、女私奔者、破鞋头子指乱搞男女关系的人、拐头子人贩子、老跑头子指被拐骗走的妇女、烂笔头子指写作能力差的人。

用于称人体器官气嗓头子喉咙、肩膀头子肩膀、裉头子拳头用于称具体事物镰刀头子镰刀的片刀、筐头子残破的筐、乌拉头子东北地区冬天穿的鞋、破鞋头子破旧的鞋、蓑衣头子残破的用草或棕制成的、披在身上的防雨工具。

用于称抽象概念嘴头子指说话的能力、垄头子指田垄的长短。

在构词类型上三音节词中词根为名词性和动词性的，如“筐头子”“跑头子”。四音节词中词根为双音节名词如“肩膀头子”“破鞋头子”。在作用上表示人和具体事物时主观评价作用明显一般含有厌恶的感情色彩，如“跑头子”“破鞋头子”。

5. 巴子

“巴子”作为后加成分可以用于称具有某种特点的人，如“俊巴子”漂亮小伙儿、“锉巴子”身材矮小的人、“馋嘴巴子”追求好吃喝的人、“赖急巴当子”指发赖纠缠好哭闹的人、“旗巴户子”汉人称满人。在构词类型上三音节词的词根为名词性和形容词性的如“旗巴子”“俊巴子”。四音节词中词根为双音节名词性、动词性词根如“馋嘴巴子”“赖急巴子”。多含有轻视的贬义色彩如“锉巴子气、茬子”，“茬子”可以附加在某些状态形容词词根后表示具有某种性格的人常含有一种厌恶的感情色彩。如“横茬子”指蛮横不好惹的人、“辣茬子”厉害的人、“善茬子”指好对付的人、“硬茬子”喻指难对付的人、“软茬子”喻指好对付的人。只有“嘴茬子”一词例外，不指人只比喻说出来的话不含贬义色彩。

6. 丫子。“丫子”可附加在表人体器官的名词后表示人或器官具有小称和喜爱的感情色彩。如“黄嘴丫子”指婴儿多用来讥消无知的年轻人、“耳丫子”耳朵耳廓外耳的一部分、“嘴丫子”嘴角、“脚丫子”脚的俗称。少数在动词或形容词后构成名词表示人或次序含有贬义色彩。如“拉丫子”风风张张到处乱跑的女孩子、“末老丫子”最后一个。

7. 片子。“片子”和“丫子”的特点基本相同但构词范围比较狭窄一般指用在名词性词根后表示人、器官和具体事物。指人时具有小称和喜爱的感情色彩如“小丫头片子”女孩儿，指器官时常含贬义色彩如“大脚片子”大脚的讥称、“嘴片子”嘴唇指物时一般无明显的感情色彩如“鹅毛片子”比喻鹅毛大雪、“夹鞋片子”没有做成的夹鞋。

8. 篓子。“篓子”可用于表示具有某种技艺、癖好或疾病的人如“书篓子”爱好读书的人、“业务篓子”业务能力强的人、“臭棋篓子”对棋术拙劣的人的蔑称、“臭气篓子”对爱放屁人的称呼、“病篓子”多病的人。构词上附加在名词性词根后常含有贬义色彩。

9. 球子。“球子”可附加在名词性或形容词性词根后表示具有某种不好性格的人一般含贬义。如“驴类球子”“老球子气”。

10. 瓜子。“瓜子”可附加在名词性词根后表示人、器官、具体事物和动物具有小称的作用。如“孩子瓜子”指牵扯精力的孩子、“脑瓜子”头、“咸菜瓜子”咸菜、“卿鱼瓜子”小鲫鱼。

（2）“儿”类双音后加式

1、蛋儿或蛋子

“蛋子”和“蛋儿”作为后加成分是可以通用的。“儿”“子”一般可省略在这里我们一并讨论。构词上一般附加在名词性、形容词性词根后构成名词用于称人如“丫头蛋子”姑娘女孩、“丫蛋儿”姑娘女孩、“懒蛋子”懒惰的人、“虎蛋子”傻瓜、“浪蛋儿”好打扮爱俏丽的人用于称动物如“忙牛蛋子”小公牛、“荷包蛋儿”长得很小的小猪也可以称植物如“西瓜蛋子”小西瓜、“家雀蛋儿”扁豆的一个品种。具有明显的小称作用和贬义色彩。

2. 们儿

“们儿”可用在亲属称谓如“姐、哥、爷、老爷、娘、老娘”等词后表示单数主观上具有拉近彼此关系的效果。例如，“姐们儿”姐妹、“爷们儿”男人东北话中的礼貌用语陌生的男性打交道时年轻的称年老的为爷们儿表热情近便、“老爷们儿”成年男子。

（3）其他

1. 疙瘩。“疙瘩”可附加在名词性、形容词后构成名词表示某些人或次序常含有一种爱溺的感情色彩。如“庄稼疙瘩”指农民、“宝贝疙瘩”比喻非常受宠爱的孩子、“老疙瘩”兄弟姐妹中排行最小的爱称集体中年龄最小的人爱称比自己年龄小的人、“小毛疙瘩”指排行最小的。

2. 家家卿卿

“家家”“卿卿”可附加在某些表示人称的名词后面，如“孩子、大老爷们、娘们、姑娘”等表示对某一类人身份的着重强调一般含有贬义色彩。如老娘们儿家家的别老管老爷们儿的事。《哈尔滨市志·宗教方言》他上来一阵儿老娘们卿卿的。《哈尔滨市志·宗教方言》

本章是文章的主体部分主要研究了东北官话中名词附加式的构成特点。我们从表义类型、构词类型、作用三个角度对其进行了细致的描写和分析。不仅全面系统地分析了单音节的前加成分“老”“大”“二”“小”“半”“巴”中加成分“拉”“巴”“头、“个”“么”“不”了后加成分子”“儿头”“巴”“拉儿”“性”对双音节的前加成分“大老”“小老”后加成分“子”类、“儿”类、“疙瘩”“家家”“卿卿”也做了分析。发现东北官话体词性词语在表义上极为丰富，可用于表人、人体器官、序数、具体事物、抽象概念、动植物、处所。在构词类型上主要以双音节和三音节词为主，四音节的在构词关系上涉及递加关系、并加关系、对加关系。就词根类型来看主要以名词性、动词性和形容词性词根，有的还涉及量词、数词、拟声词、代词、方位词、时间词等。附加式作为东北官话中特征性的构词方式在作用上不可小视。具有改变词义、区分词义、改变词性、小称、修饰、强调、主观评价、增加方言色彩和口语色彩的作用。其中根据各词缀的不同具体的表现作用有所差异。

二、东北官话时间词和方位词附加式构成特点

黄廖本《现代汉语》修订二版中将时间词和方位词归为名词一类，这是由于它们在句子成分上都可作为主语、宾语、定语。但是以《汉语口语语法》《现代汉语八百词》《语法讲义》为代表从分布功能的角度把时间词和方位词看作独立的词类。并且在东北官话中时间词和方位词在构成上有相当一部分词缀与名词词缀是不同的，这进一步证明了此种观点的科学性。由于时间词和方位词附加式中有一些颇有方言特点的后加成分具有深入研究的价值，因此我们将时间词和方位词附加式单列一章进行研究。

（一）时间词

“时间词用于表示事情发生的时间，除了能做主语、宾语和定语外还经常做状语。”

如“过去、早晨、今天、元旦、春季、去年、星期日”等。在东北官话中时间词在构成上有许多自己独有的特点。下面我们来进行具体分析。

第一，个儿。“个儿”，丫可加在某些时间名词后表示日子跟“某日里”的意思相近。作为后加成分是完全虚化的仅表一种语气。如“大前儿个”从即日起往前的第四天、“前儿个”前天、“夜个儿”昨天、“旧儿个”今天如今、“今儿个”今天、“明儿个”明天不远的将来以后、“后儿个”后天、“大后儿个”紧接在后天之后的那一天、“大后儿个儿”从即日起往后的第四天、“赶后个儿”后天、“赶明儿个”等到明天，泛指以后、将来。

这里需要注意的是“个”用在“今儿”“明儿”“前儿”后时可省略但其前有“大”修饰时“个”是不能省略的。这说明修饰成分对“个”的使用依赖性很强具有限定作用。

第二，咱。“咱”衬勺可后加在指示代词和疑问代词之后表示时间段意为“的时候”。如“那咱”那时候、“多咱”什么时候、“这咱”这时候。例如，这咱还没起床。想起那咱的事真叫人伤心哪。你们还得干到多咱。

第三，“前儿”表示时间时有以下三种用法，我们分别加以讨论。

第一种“前儿”跟在“早、现、头、眼”等某些语素后表示过去或现在一般作状语和定语。这时我们将其视为凝固性很强的时间词独立表义。例句如下你还想像早前儿那样管我我不受。早先先前现前儿你怎么样啊眼前，头前儿你上哪去了刚才考试就是眼目前儿的事儿了，咋还不着急呢。

第二种“前儿”作为后加成分可以跟指示、疑问代词连用表示时间阶段性意思相当于“……的时候”，如“这前儿”这时、“那前儿”那时那老半天、“多前儿”长时间很久以前、“啥前儿”什么时候。如都这前儿了怎么还不回来。那前儿还没有你呢。那个案子是多前儿的事了。听人说属羊的生在这个季节正是有青草吃的时候到啥前儿也错不了。

第三种“前儿”还可以用在时间词或谓词性词组后表示某段时间。如“去年前儿”时间词、“刚来前儿”状中词组、“洗脸前儿”动宾词组、“上街买菜前儿”连谓词组、“请他进来前儿”兼语词组。

第四种“程子”。“程子”与“阵子”意义和用法相同可以作为后加成分与指示代词和数词“一”连用表示时间段相当于“一段时间”的意思。例句如下这程子他在哪儿那程子哥哥正在山东。好一程子没看到他了。

（二）方位词

“方位词是表示方向或位置的词分单纯和合成两类。单纯方位词是“上、下、前、后、左、右、东、西、南、北、里、外、中、内、间、旁”。合成的方位词由单纯的方位词用用下面的方式构成。前边加“以”或“之”如“以上、之下”。后边加“边、面、头”如“前头、左面、里头”。对举如“上下、前后、里外”。其他如“底下、里头、当中”。”在东北官话中有一些很有特点的合成方位词以后加的方式成词。根据构词范围不同可附加在方位词、指示代词、疑问代词、某些数词后表示地点或范围。下面我们对“边儿拉儿”“撇儿撇子”“块儿拉块儿块溜儿”“海儿”“场儿”“疙儿疙瘩”“溜儿拉溜儿”等分别进行分析研究。

第一，边儿拉儿。“边儿拉儿””是东北官话中极具代表性的方位词后加成分相当于普通话中的“边少”。在构词类型上它主要附加在“方位词上、下、前、后、东、西、南、北、左、右、里、外、旁、指示代词这、那、疑问代词哪、数词一、两、四”后表示方位。例句如下今儿个三十多度外边儿拉儿热的要死。这边儿拉儿要是没有你就去那边儿拉儿找找。一般来说“边儿拉儿”在使用时“拉儿”是可以省略的省略后就是普通话中常见的方位词后缀“边儿”，但“边儿”是不可省略的只有在“旁拉儿”中可以省略。究其原因我们可以认为“拉儿”是在“边儿”之后起到强调的作用因此勃合性不强易被省略。

第二，撇儿撇子。“撇”“撇子”既可用在“这、那、哪”和方位词“左、右”之后表示“附近、一带”。例句如下记住了左撇儿是男厕所右撇儿才是女的。在这撇子他最霸道。“撇儿”之所以只能用在方位词“左、右”之后可能由于“撇子”的本意是“手”的意思，因此只分左右不分其他。

第三，块儿拉块儿块溜儿。“块儿”“拉扩”“块儿”“块溜儿”在构成上都可以附加在指示代词“这”“那”和疑问代词“哪”之后。但在表义上有所不同“块儿”表示的是“地点”而“拉块儿”“块溜儿”表示的是“一带附近的地方”。一个是确指的“点”一个是泛指的“范围”。我们比较如下我一带我熟的很哪块儿都去过。《关东方言词汇》①这拉块儿不让停车。《哈尔滨方言词典》别往远走了，就在这块溜儿转转吧。

第四，海儿。“海儿”和“块儿”的用法相同也可以附加在“这、那、哪”之后表示“地点”。例句如下：宫里有的我这海儿也有宫里没有的我这海儿也有。你去过长城那海儿吗？你今儿个上哪海儿去了。

第五，场儿。“场儿”也用在“这、那、哪”之后表示“地点地方”其中“哪场儿”常用于反问句。例句如下：一方有一方的情况，谁知这场儿走不走新政策。我上“花果山”呐那场儿可树挂满了猴心你要多少，我哪场儿对不起你了要对我发什么大的火。

第六，疙儿疙瘩。“疙儿”认产、“疙瘩”。材可以附加在“这、那、哪、一”之后表示“地方”。“疙儿”是“疙瘩”的简化形式可通用。例句如下：到了这疙瘩可别见外呀。《黑龙江方言词典》①这是哪疙儿的口音《哈尔滨方言词典》②一疙儿有一疙儿的风俗。

第七，溜儿拉溜儿。“溜儿”拟、“拉溜儿”都可以和指示代词“这”“那”和疑问代词“哪”连用意义相当于“地方、一带”。其中“溜儿”还可以用在“指示代词十一两”这以结构中表示范围。例句如下不怕这拉溜儿我挺熟他找不到咱们。快找找我觉得就在那拉溜儿。约摸着我二丫头就在这两溜儿住。他就住在这一溜儿。另外“拉溜儿”用在指示代词和疑问代词后还可以表示时间指在某个范围内，这时和“溜边儿”可互换使用。例句：小的就在十一、二岁那拉溜儿溜。

本部分对东北官话中的时间词和方位词附加式进行了讨论，是本书的重要组成部分。不仅发掘了不少具有方言特色的后加成分而且结合例句对其意义、用法、作用进行了全面的描写分析。在研究方法上将词法与句法联通拓宽了研究视角。在理论价值和学术价值上具有创新性和实用性。

三、东北语言体词性词语重叠式构成特点

（一）构词方式

在汉语中“音节是语音的基本结构单位是自然感到的最小语音单位由一个或几个音素组成。一般来说一个汉字的读音就是一个音节。两个汉字读一个音节的是儿化音”。因此我们下面依据音节分类时不将“儿”算作一个音节。我们下面按音节数量分为双音节重叠构词、三音节重叠构词和四音节重叠构词三部分来讨论。其中对于有代表性的带词缀“儿”的重叠式我们单列成小类进行讨论其他不典型的构词形式归入基本式中一并讨论。讨论时综合分析以下三方面构词方式重叠式中词根的独立性重叠式与对应附加式的可转换性。

第一，双音节重叠构词

（1）“AA”式

1. 音节重叠

音节重叠是指由两个相同的音节构成新词。特点是单个音节不能独立使用即使能独立使用其词汇意义，或语法意义也会发生变化并不是都有相对应的“儿”式。我们对比如下其中普通话的释义采用《现代汉语词典》第五版中相关词语的第一义项。如亲亲〔亲戚〕一亲〔父母〕〔不成立〕一亲儿〔不成立〕

末末〔末子〕一末〔戏曲角色行当扮演中年男子京剧归入老生一类〕〔词义变化〕一末儿〔不成立〕

顺顺〔乳房〕一顺〔用嘴唇吸〕〔词性变化〕

2，词根重叠

词根重叠是指由单音节词根重叠构成新词。特点是单个词根可以独立，使用独立后词汇意义和语法意义基本没有变化，并且都有“儿”式相对应如“花花花—花儿”“妞妞小女孩—妞儿”“兜兜兜肚—兜儿”。

（2）“AA 儿”式

在东北官话中“从儿”式我们分三种类型讨论。

第一种类型“从儿”式可以转化为“从”式和“儿”式词汇，意义和语法意义基本没有变化。如道道儿办法、主意一道道一道儿。胡胡儿京胡、二胡一胡胡一胡儿。头头儿某单位或某集团的为首的人——头头、头儿。

第二种类型“儿”式可以转化为“儿”式但不可以转化为相对应的“从”式即使能转化其词汇意义或语法意义也会发生改变。如揪揪儿较小的尖形鼓包一揪儿一揪揪词性变化哈哈儿笑话、热闹一哈儿一哈哈词性变化当当儿当口、时机一当儿一当当不成立。

第三种类型“从儿”式不能转化为相对应的“从”式和“儿”式，即使能转化其词汇意义或语法意义也会发生改变。如悠悠儿秋千龙葵—悠悠词性变化—悠儿不成立蹦蹦儿手扶拖拉机—蹦蹦词性变化—蹦儿不成立天天儿龙葵—天天词性变化—天儿词义变化。有些从式构成的词语词根后常附加儿成词后有的词可以省略。如“蜕儿灿儿”有的则不能省略省略后词汇意义或语法意义会发生改变。

（二）三音节重叠构词

（1）AAB 式

根据构词方式的划分不同“AAB”式也可以分为两种类型。第一种类型构词方式可以划分为“A/BB”“BB”，能够独立使用表达词义但“A”作为修饰成分，去掉后会影响词汇意义和语法意义。如糠悖悖（窝囊废）—悖悖（词义变化）

肉奶奶（办事迟缓的人）—奶奶（词义变化）

小蹦蹦（手扶拖拉机）—（蹦蹦词性变化）

第二种类型构词方式可以划分为“”“”能够独立使用但“”在词义上会发生变化。如小刷刷单位、家庭不上数的小人物一小刷理性意义变化手窝窝手背关节出的小坑一手窝附加意义变化

（2）AAB 儿式

“AAB”式根据构词方式可以划分为“AA/B 儿”。“儿”一般对重叠部分具有改变词义的作用去掉修饰成分“A”和后缀“儿”后不能独立使用，即使能独立使用其词汇意义或语法意义也会发生改变。如一小小儿幼年时期一小刁、不成立。鼻嘎嘎儿干鼻屎

一嘎嘎词性变化。黑猩猩儿龙葵一猩猩词义变化。

(3)AB儿A儿式

某些语素加“儿”后重叠可以跟在某些名词、形容词之后构成“AB儿A儿”式。但是这里的“B儿B儿”与我们前面所讨论的“A儿A儿”是不同的。这里的“B儿B儿”是不能单独使用的。如小哀儿哀儿小话哀求的话一哀儿哀儿不成立「划儿划儿用来插门用的铁棍一划儿划儿不成立。

AAB“从”式在东北官话中常见的构词方式是“AA/B”“AAB”大多数不能单独使用或单独使用后词汇意义或语法意义会改变。如故故懂诡计一故懂明阴险、坏词性变化花儿花儿心邪念不正派的心计一花心词义变化。

(4)AAB儿式

从AAB儿”式可以划分为“AA/B儿”.根据重叠部分的独立性，可分为以下两种类型。

第一种类型“AAB儿”。式可转化为“AB儿”式和“AB”式词汇意义和语法意义基本不变。如锯锯齿儿像锯齿样的尖齿儿一锯齿儿一锯齿，毛毛刺儿纤细的刺儿一毛刺儿一毛刺，末末渣儿排行中最小的一末渣儿一末渣。

第二种类型“少”式不可转化为“儿”式和“”式即使可转化词汇意义和语法意义也会发生改变。如搬搬倒儿儿童玩具不倒翁一搬倒儿不成立一搬倒词义变化，故故道儿花招儿一故道儿不成立一故道不成立，花花道儿花招、欺骗人的狡猾手段、计策等一花道儿不成立一花道词义变化。

（三）四音节重叠构词

(1)AABB式

“从AABB”式在普通话中是比较常见的一般用来泛称事物如“盆盆罐罐”“花花草草”。但是在东北官话中这一用法并不常见但可用于表处所如“边边拉拉儿”边沿边角、“音音晃晃儿”所有的角落。特点是并不能转化为“从”式和“儿”式即使成立词汇意义和语法意义也有变。如边边拉拉儿一边拉不成立一边拉儿不成立，音音晃晃儿一音晃不成立一音晃儿角落。

(2)从AABC式

“AABC”式中“C”一般为后缀“子”，其构词方式可划分为“AA/B子”“AA”作为修饰成分和附加式“B子”组合。“B子”有的可以单独使用有“子”不能替换成“儿”。有的不能单独使用即使单独使用词义也会发生变化。

(3)ABCC式

“ABCC”式在构词上可以划分为“AB/CC”。有的中心词在前如“蛤喇摸摸儿”螺蛳，有的在后如“样子悖悖”各种形式的小悖悖、“玻璃蹦蹦”儿童玩具。特点是重叠部分可独立但独立后词汇意义和语法意义会发生变化，如蛤喇摸摸儿—摸摸儿（乳房）（词义变化），样子悖悖—（悖悖）（词义变化），玻璃蹦蹦—蹦蹦（词性变化）。

可见东北官话重叠式在构词方式上是十分丰富的，最显著的特点是采用了重叠式和附加式套用的方式进行构词，我们可以称之为“重叠—附加式”。其中重叠化现象十分明显。

第三节　东北语言程度副词研究综述

一、东北方言程度副词的语义特征

对于现代汉语程度副词的分类标准到目前为止公认的主要有两种观点：一种是以王力、马真等为代表的“按语义划分标准”，另一种是夏齐富、胡裕树等推崇的“按句法功能为分类标准”。“以语义为划分标准”最早是由王力在其著作《中国现代语法》中提出的，以有无明确的比较对象为依据，将程度副词分为相对程度副词和绝对程度副词。“凡是有明确比较对象的，称为相对程度副词；而没有明确的比较对象、只是模糊地描述程度的，叫作绝对程度副词”。之后的张桂宾、周小兵、韩容洙、张谊生等语言学者都在王力先生的分类标准的基础上，按照“表达程度量级的差异”进一步细化了这两类程度副词，将相对程度副词分为最高级、较高级（或更高级）、比较级和较低级；将绝对程度副词分为超量（或极量）、高量、中量和低量四级。另一方面，陈颖（2008）从认知和语义相结合的角度，以程度副词在使用时倾向主观表达还是客观陈述为依据，将其分为主观程度副词和客观程度副词。综合这两种分类标准，东北方言的程度副词基本都属于主观的高量级的绝对程度副词。绝对程度副词没有明确具体的比较对象和限定范围，这些参照物只存在于说话者的思维意识中，仅仅根据自身经验性的心理标准和主观判断来衡量某事物具有的程度的高低。这种程度的高低一般具有模糊性，并常常被说话者主观情感所渲染。总体来看东北方言程度副词共同的语义特征可以描写为（+量级，+程度高，+主观性），即人或事物的某种性质或行为的度量含有高级意义，表示这种性质达到的程度高或行为动作强度大。它们修饰的中心词也具有明显的指向性，这与东北地区的文化及东北人在文化影响下形成的豪爽、率真的性格特点不无关系。

（一）“老、诚、贼、忒”等常用程度副词。

第一，老。普通话中的“老”有两种副词用法：

一是作为表时间的副词，有“一直”“经常”的意思，表示情况持续不间断或反复出现。例：我老想着去看她，可就是挤不出空来。你怎么老唉声叹气的，有什么心事吗？他脾气老那么好，容易被人欺负。偶然犯个错还可以原谅，可老这样怎么行？

二是作为程度副词，表示程度高，有“很”“非常”的意思，后面只能接形容词，可以和形容词一起叠用，以加重语气。例如，离着老远就听着他的喊声了。他书法写得老好了。

第二，诚。在普通话中，“诚”的副词用法含义是“的确，实在”。例如：此人诚非等闲之辈。虽然是副词，但没有表示程度之义。“诚”在东北方言中还可以用作程度副词，强调程度之深。“诚”表程度义，是从“确实”的意思逐渐引申而来的，对“确实”之义的着重强调，使“诚”又引申出“很”类的程度义，相当于普通话中的“可”的副词强调用法。《简明东北方言词典》中对“诚”的释义是“确实”。

在《东北方言词典》和《东北方言大词典》中都写作“诚”表示“很是，实在是”。例如：这腿盘一会儿，还成其发皱呢。你这一绷不要紧，我可诚价害怕了。她待人诚好了，大家都喜欢她。昨儿夜里风诚大。

第三，贼。普通话中的“贼”既可充当名词，如捉住一个贼或名词性语素（贼寇、盗贼），名词义为“偷东西的人”“做大坏事的人”；又可作为形容词（他那个人贼得很），形容词义为“狡猾的”或“不正派的”；在书面语中也可作为动词使用，动词义形容词义为“狡猾的”或“不正派的”；在书面语中也可作为动词使用，动词义“伤害”“损害”，如“戕贼”。在东北方言中还可兼类程度副词，常用在形容词前，表示程度很高。以前多用于修饰令人感到不满的或认为是不正常的情况，近年来修饰色彩逐渐模糊。

（二）“精、确、稀、完”等准程度副词

在东北方言中还有一些东北特色更为明显的程度副词，尽管它们都表示程度深或高，但使用范围相对较窄，或有固定搭配。一般只能修饰形容词，不可用于修饰能愿动词和心理动词，并且对所修饰的形容词范围也有局限。另外，对于这些词的词性也存在争议。有人认为它们是“副词性语素”，也有人认为是“实词逐渐虚化成为副词”，笔者比较赞同后者的观点，并认为它们在日常交际中充当程度副词可修饰的范围正逐渐扩大，所以称这类词为准程度副词。许皓光、张大鸣在《简明东北方言词典》中，只给出了这类词的用法（位于形容词前），而没有说明是什么词性。而在姜汇川、许皓光等编著的《现代汉语副词分类实用词典》中，将“精、稀、齁儿”归为程度副词。此外，张丽娟的《锦

州方言与北京方言的比较研究》一文也把“精、确、稀、焦”等词归为锦州方言的程度副词。如此可见，将这类词划为程度副词类是有一定理据的。

第一，精。

《辞海》中对“精”的第十一条解释如是:通“净”。如:精光，精空。由此引申为“尤甚”。例:《吕氏春秋·铁躬》:“夫自为人官，自蔽之精者也。”高诱注:“精，甚”。如今普通话中已不存在这种用法，但在一些方言中依然保留，东北方言中便存在这种用法，即“精”作为程度副词，修饰在某些形容词前，表示“非常”“十分”。

第二，确。

在现代汉语普通话中“确”有副词用法，表示“的确、确实”义。如“确有其事、确系实情”。而在东北方言中，“确”也用作程度副词，常放在“黑、紫、青”等表示颜色的单音词前面，强调颜色深。如“确”可能从现代汉语中“黢黑”的“黢”字演变而来的用法。“黢”是一个状态词，就是形容皮肤或夜晚黑的意思，如“黢黑、黑黢黢”，且只能与“黑”搭配。到了某些方言中,“黢”的词性逐渐转变,修饰的范围也慢慢模糊，但仍只能修饰深的颜色（紫、青等），加上方言口音的影响，逐渐衍生出“确”。

第三，溜。

“溜”在普通话中可表示“滑行”“偷偷走开或进入”等动作,如、“溜冰”“溜走”等；也可表示“光滑；平滑”，如“溜光、滑溜”。在东北方言中，“溜”从“溜光”中引申出来，形成程度副词用法，表示“很、非常”。例如：老刘头坐在棉花包上一颠一颠的。在这溜平的大道上，车跑得痛快。

（三）“钢钢、哇哇、嘎嘎”等拟声兼类程度副词

东北人除了能把普通话中通用的程度副词说出韵味儿来之外，还“别出心裁”地运用另外一组特别的副词来表达程度上的高和深。例如，“钢钢、哇哇、嘎嘎、嗷嗷”一类拟声词在长期使用中衍变出程度副词的兼类用法。这种拟声兼类程度副词广泛使用于东北地区，极富东北方言特色。兼类词是指读音相同，词义上有联系，并在不同的话语场合下经常兼具两种或两种以上的词类语法功能的词。它不同于词的活用，词的活用是临时的，但词的兼类却是恒久的，它的多种语法功能是词本身固有的。东北方言中有一些兼类词的语法功能不同于普通话，它们以其自有的丰富联想义为基础被赋予了程度副词的功能。经过长期的使用，它们作为拟声词的特征逐渐弱化，作为副词的特征则不断增强，当它们做状语修饰形容词时，与修饰的中心词语义有关的表示程度高或深的联想义便被形象地突现出来，从而使东北话的语言有了更为生动的效果。

二、东北方言程度副词的语法功能

在语法功能方面，东北方言程度副词具有现代汉语程度副词的普遍特征。东北方言程度副词一般在句子中充当状语或补语修饰形容词性成分和动词性成分。动词性成分除了心理动词，还包括张谊生归纳的八类动词性短语中的几类，分别是能愿动词 +VP、“有” +NP、兼语类。此外，东北方言程度副词能够修饰的动词短语还包括动宾结构短语、动补结构短语、状中结构短语等。依据东北方言中程度副词的分布特点和句法功能，可以将它们分为两小类：

A．做状语的程度副词，即位于被修饰的中心成分前面的副词，包括“老、诚、贼、忒、精、确、稀、溜”等。

B．做补语的程度副词，即位于被修饰的中心成分后面的副词，包括“完、屁”。

做状语的程度副词。做状语的程度副词又可以分为两小类：一类是“老、诚、贼、忒”等使用范围相对较宽的常用程度副词，它们在句中只做状语修饰中心语，中心语可以由形容词、心理动词以及动词性短语充当；另一类是“精、确、稀、焦、溜”等使用范围相对较小的准程度副词。它们只能修饰形容词，不可用于修饰心理动词等动词性成分，而且对所修饰的形容词也有具体的限制。

做补语的程度副词。张谊生曾提到：“几乎所有的语法书和教科书——无论是认为副词应该属于实词的还是虚词的，在谈到副词的句法功能时，都认为副词是只能充当状语的词。即使指出有少数例外可以充当补语的，一般也只提到“很”和“极”两个。”至今为止，也很少有人认为程度副词可以充当补语，探讨过程度副词做补语的文章主要有张谊生（2000）、谢长霞、袁光（2008）等。但其实，现代汉语当中有相当一些程度副词可以充当补语。

这类程度副词通常位于动词或形容词的后面充当补语，对中心词起补充说明的作用。对于这类词是不是程度副词一直存在争议。多数观点认为它们是形容词，因为“现代汉语中副词的典型句法位置是中心语前的状语位，而这几个词只充当补语，不能充当状语，说明它们与程度副词还存在一定的区别”。“尽管这类词有或兼备形容词或动词的用法，可以做结果补语，但当其修饰的形容词或动词带有明显夸张色彩时，便具有程度补语的效果了。这两种情况尽管在句法功能上是相同的，但在语义上却有很大的差别。所以，虽然它们不属于现代汉语中的典型程度副词，却可以视为虚化程度较低的“准程度副词”。”张谊生（2000）则认为“凡是可以充当补语的词都是程度副词”。“它们与同形的助动词、形容词以及谓词短语在语义和功能上有着本质上的区别，它们的意义都已相对虚化，只能表示程度的加深。”所以张谊生也主张暂时将这一类词划归程度副词，但不属于其典型成员，而称为“准副词”。

本书将这些词看作程度副词的理据主要有：

第一，是现代汉语中很大程度副词，如“非常”“相当”“极”等都是从动词或形容词逐渐转变而来的，很多做状语的程度副词都有充当补语的用法，如“形容词＋非常”的结构，“非常”位于形容词或动词后充当程度补语，当时正是其处于由形容词向程度副词的深化过程中。

第二，是它们在充当补语时，侧重表达的是程度义，这与结果补语“形同义异”。而且它们对程度的表达所获得的效果是其他词语无法企及的。

现代汉语普通话中的这类词数量较少，而且对被修饰的词语也有一定的限制。在东北方言中更是如此，比较有特色的主要有“完”和“屁”。

1. 组合功能

（1）修饰形容词

“完”一般位于形容词后组成“A 完了”结构。能够被“完”修饰的形容词主要有：

1）表示人的心理活动或状态的形容词，如恨完了、高兴完了、紧张完了。

2）表示人能感知的味觉等形容词，如臭完了、辣完了、苦完了、疼完了。

“完”修饰的大多是表示消极意义或贬义的形容词，其中单音节居多，双音节有少部分，不能修饰多音节形容词。

（2）修饰动词

1）能进入“V 完了”结构的动词，通常是心理动词或表示感觉的动词，表示一种非自主的、含消极意义的身体或心理上的状态。如：饿完了喝完了困完了累完了吓完了急完了、热完了、冻完了。

2）还有一些本身就带有一定程度量级的动词，如笑完了、挤完了、打击完了、折腾完了。

需要注意的是，东北方言中的“完”，在做程度副词使用时后面一般要加“了”。这时的“完了”与普通话口语中常用的“完了”在句法功能和语义功能上已有所不同。普通话中的“完了”充当的是时间副词，表示“事件或动作的结束和完成，侧重于时间的变化”。而东北方言中的“完了”则是一个程度副词，“表示心理状态或行为的程度量级”。

2. 句法功能

“完”与所修饰的成分一起，通常位于宾语是“人”的把字句、被字句或表示致使义的句子中，在修饰宾语的谓词后做补语。“完”与所修饰的成分一起在句中充当宾语补足语。例如：

看了个血腥的电影把 / 给我恶心完了。我都要被他气完了。

三、东北方言程度副词的语用分析。

（一）凸显感情的手段

第一，赋予鲜明的感情色彩。

“贼喜欢”表现得既诚恳有力而又不失亲和，这是其他任何程度副词都无法呈现出的效果。有很多外地人，尤其是南方人在刚接触东北人时，会觉得东北人说话很“冲”，会很忌惮与东北人相处。事实上，这是因为除了在语音上铿锵有力、抑扬顿挫之外，东北方言的程度副词也具有丰富而鲜明的感情色彩。以东北人最常说的程度副词“老”为例。马真认为“普通话里的“老”常常带有说话人不喜爱的感情色彩”。而在东北方言中，“老”不但没有这种限制，反而具有丰富而鲜明的感情色彩，可以在多种语境下表达说话者截然不同的情感或态度。东北方言中的“老”更多得用于表达夸赞、喜爱的感情色彩，

第二，多用陈述句和感叹句。

东北方言的程度副词多用在表述主观心理或陈述客观事实的陈述句和感叹句当中。但由于被绝对程度副词修饰的中心成分所表示的程度是无法客观计量的，加上说话人通常有自己主观认定的比较范围，没有具体的比较对象，所以程度副词一般用在主观陈述句和感叹句中。这种句式让说话者能够直接地表达内心或惊讶或赞叹的强烈情感，起到加重语气的效果。

（二）、凸显程度的手段

第一，运用夸张的表达方式。

东北人在形容某种事物的性质或状态，或者描述对某一动作产生的心理反应时，常常带有强烈的主观性，有明显的夸张成分。这种夸张集中凝聚在程度副词中，所以东北方言的程度副词表达的程度往往夸张得超出了事实本身的程度范围。以“老”为例：他长得老帅了。广场上的人老多了。我都上老火了。用程度副词“老”形容这个人“帅”的程度，超出了说话者和听话者心理认知当中对“帅”理解的范围，从而夸大了“帅”的程度。例句中，究竟多大的量才能称为“老多了”，实际上很抽象，没有确切的范围。但极言程度之高，同样蕴含了夸张的意味。语气助词“了”位于“老”和修饰的中心语后组成固定搭配且不可省略，更像是一个结构槽，不仅是句子更加平衡，也加强了夸张的效果。再以具有东北特色的拟声兼类程度副词“嘎嘎”举例：东北这天一到了冬至就嘎嘎冷了。

（1）从发音特征上看，“嘎嘎”在东北话中的声调是阳平，音韵是开口呼，发音时声调上扬、嘴部张大，声音短促而响亮，用这样的拟声词做程度副词，表达的程度一定是高量级的，而且具有夸张的主观的特点。“嘎嘎冷”到底有多冷，是零下 20 多度甚至更低，没有明确的温度区间来框定。但是常年生活在东北的人会以经验性的心理去认知这种冷的程度，东北人知道“嘎嘎冷”除了有“非常”之意，还有“北风吹着的、干冷干冷的”含义在里面，这与南方冬天的“阴冷”是截然不同的。东北地区辽阔的平原和极端的天气培育了东北人豪放的性格特点，“嘎嘎、钢钢、哇哇”等程度副词正是东北人展现性格特点的一种独特表达方式。

（2）常用倒装和省略。东北方言的程度副词多用于口语表达中，而口语中的语法规则没有那么严格，因此有时为了凸显所要表达的程度，东北方言的程度副词与修饰的成分一起，时常会出现省略主语或主谓倒装的用法。例如：崔：“大妈这衣服挺贵吧！”黑土：“老贵了，四十一天租的。”（小品《说事》）那回头率嗷嗷地（形容极高）！感叹号，治疗感冒，(效果)钢钢地！无拳之拳没有招儿，无招儿胜有招儿，随机应变，钢钢地(厉害)!上述几个例子都省略了程度副词修饰的中心词，但我们可以从前后的语境中补充上省略掉了的中心词并领会语句要表达的完整语义。这种省略中心词的用法在东北人口语使用中相当常见，使语句更为短小凝练，而且省略掉中心词非但不影响听话者的理解，而且还加强了说话者要表达的程度。

第四节　以整为例，探析东北方言泛义动词

一、东北方言泛义动词“整”的句法分析

（一）东北方言泛义动词“整”的句法功能

东北方言泛义动词“整”有着和普通动词一样的句法功能。首先，它在句子

中可做谓语或谓语中心带宾语，这种情况比较复杂，我们在下文会详细讨论。其次，它们可带动态助词“着”“了”“过”。在这里，泛义动词“整”与与泛义动词“搞”“弄”“干”等用法一致，如：

（1）小李叫我有点事，你先整着，我去去就回。

（2）事情怎么让你整着整着就变味儿了呢。

（3）这道题真难做，我整了半天也没有整明白。

（4）这点作业让他整了一个晚上。

（5）乒乓球、羽毛球、钢琴，她都整过，最后一样都没学会。

（6）不要害怕，什么都需要尝试，整过几次就好了，会越来越熟练的。

再次，泛义动词“整”在语法成分中，出于表达的需要，它们需要带上附属成分“了个”“一下”“整”字重叠等形式，才能使句子表述完整。在这里，泛义动词“搞”“弄”与“整”的用法一致，因为在句中词语搭配不同，

在个别句子中不能用泛义动词“打”和“干”。比如：

（7）他翻脸跟翻书一样，一下整／搞／弄／打／干了个一百八十度大转弯。

他翻脸跟翻书一样，一下整一百八十度大转弯。

（8）这个动作很简单，你也来整／搞／弄／打／干一下试试。

这个动作很简单，你也来整一下试试。

（9）你看你，就要参加面试了，衣服也不巧巧整整／弄弄／搞搞／打打／干干。

你看你，就要参加面试了，衣服也不好好整。

（10）这事儿咋整／搞／弄／干／打的，为啥刚开始答应人家又半途而废了呢？

这事儿咋整，为啥咖开始答应人家又半途而废了呢

（11）这次你的数学分数这么低，真应该找个老师帮你把这科好好整一整／搞一搞／弄一弄／干一干／打一打。

这次你的数学分数这么低，真应该找个老师帮你把这科好巧整。

第一，东北方言泛义动词“整”带宾语的情况。

东北方言泛义动词“整”带宾语是一种常见的用法，它的宾语类型较多，情况比较复杂，我们要考察代动词“来”的带宾语情况，就必须首先对其宾语进行分类。为了将这些宾语从语法层面和功能层面区别开来，同时避开一些复杂的词性问题，我们在接下来的讨论中，我们将这些宾语分为两类：名词性宾语和动词性宾语

东北方言泛义动词“整”带名词性宾语的情况

从形式上看，东北方言泛义动谓“整”带名词性宾语的情况很多，为了进一步分析东北方言泛义动词“整”的性质及在句中的功能。例如专有名词，一会儿，别整李丽了，让她安静学一会儿吧。看新闻了吗？美国又整伊拉克了！（发动战争）

老扳，你家的烤鸭太好吃了，再给我两只！由子我们从语境中得知宾语是“烤鸭”，因此，这里“再整两只”后的“烤鸭”就可省略了。

在这里，东北方言泛义动词“整”所带名词性宾语从语义角度看，既可是表示某个具体事物的名词，最具典型特征，又可表示某个抽象的事物或概念，还可在语义上表示

某种事件

东北方言泛义动词“整”带动词性宾语的情况

东北方言泛义动词“整”可带大量的动词性宾语，通过对它们性质的分类，我们划分出下几种类型。东北方言泛义动词“整”也可带一些习语或惯用语作为宾语，如：下马威、倒栽葱、背黑锅、跑龙套、一步一个脚印、吹胡子瞪眼、恶人先告状、竹篮打水一场空等。

从语义上看，这些动词性宾语都表示某种状态、结果、事件、做法等，但它们接在运义动词“整”的后面，都需要加上“了”“了个”，在这里，形成相对固定的“整了个……”“整个……”形式，“个”在这里的用途是使得后面谓词性成分指称化。

东北方言泛义动词“整”＋形容词作补语的情况。

第二，东北方言定义动词“整”省略宾语的情况。

关于形容词的分类，我们参考朱德熙先生《语法讲义》的观点，将一般的形容词分为两大类，分别是性质形容词和和状态形容词。此外，在《现代汉语形容词计量巧究》中，王后龙先生提到了一类特殊的巧容词，它们只能做谓语，或者只能做定语，也就是非定形容词和非谓形容词。为此，我们参考上二位先生的观点，对东化方言楚义动词“整”带巧容词作补语的情况进行整合分类，进行细致的分析，一般形容词和特殊形容词（你也不小点，看，桌子上的书本都被你湿了）

我们知道，状态形容词是指巧容词表示的性质或状态等。根据朱德熙先生（1982；73）的说法，状态形容词包括：第一类是单音节形容词重叠式，如大大、小小等；第二类是双音节巧容词的心郎重叠式，如漂漂亮亮、兢兢业业、欢欢乐乐、本本分分、和和睦睦等；第三类是A B式形容词，可扩展成为A B A B式形容词，如拔凉、稀透、火辣、瀑白、稀璋、精湿、等；第四类是带后缀的形容词，包括A BB式，A里B C式，A不B C式，如热乎乎、滑溜溜、稀里糊涂、稀里马哈、花里胡哨、酸不啦儿等；第五类是副词＋形容词＋的形式的合成词，如很棒的、挺好的、蛮开心的等。在这里，东北方言泛义动词“整”后面可上五类形容词，形成“整得A A B B的”“整得A B B的”等形式，如，“整得大大的”“整得花里胡哨的”等。在其他四类形容词中，双音节形容词A B A B重叠式可直接和泛义动词“整”搭配，送种情况也可出现在“把”字句中，形容词后面需加上结构助词“的”来增强句子韵律，起到补充音节的作用。A B A B的扩展式和第四类、第五类形容词，它们在和泛义动词“整”搭配时，形容词前要加助词“得”，形容词后还要加助词“的”。如，我们不能说“屋子太热，把他的脸脸整热乎乎”，只能说“屋子太热，把他脸整得热乎乎的”，这里泛义动词“整”表示“晒”或者“涂抹”

的含义。

此外，东北方言运义动词“整”还可接其他的成分，如代词、处所词、方位词、数量词和语气词等。值得注意的是，东北方言泛义动词“整”接代词的时候，“整”的意义完全是贬义的，表示暗地里使用某种手段来打败对方，或使用手段欺负、报复对方等；泛义动词“整”后接处所词的时候，只表示【+位移】含义，表示“带到”“带去”“带走”等，语言色彩既有中性的，有【+强制】的含义，动词“整”只能接方位词“上”，不能与其他方位词搭配，“整上了”“没整上”在东北方言中在某种程度上来说已经表示相对固定的含义，有“通过比赛、笔试、面试等形式选拔”的含义。

（二）东北方言泛义动词“整“的重叠式分析

东北方言泛又动词“整“的重叠式主要是指“整整“和”整了整”“整一整”“整巴整巴”这四种形式，这四种重叠式在东北人的日常生活中使用频率很高，“整”字重叠和不重叠在句子中的意义有一些差别很大，有一些差别很细微。

首先，东北方言泛义动词“整”的重叠式在句法功能上来看，它们可做句子的谓语中成语，它们可接宾语，如“整整花”“整了整发型”。其次，东北方言泛义动词“整”的重叠式不能再加动态助词“着”“过”，但是可加动态助词“了”，在这种情况下，动态助词“了”一般会与能愿动词“想、想要、可能、必要、应该”等共现，表示一种决定、可能、必要、应该做某事的状态，如“我要把数学好好整整／整一整／整巴整田了，再不整的话就要不及格了”。再次，在“把”字句中，“整”字必须带有附加成分，如我们不能说“你快把数学好好整”“你快把数学好巧整整”“你快把数学巧好整一下”“你快把数学好好整巴整巴”等。

第四，东北方言泛义动词“整”在一定程度上使语义更加顺畅，句式更加整齐。

由于泛义动词“整”能形成与很多其他动词意又相近的同义词，根据上下文的需要，说话者就可有选择地将这些同义词相互搭配使用，从而使句式更加整齐，行文更加通杨。

在普通的主谓句中，东化方言泛义动词“整”重叠后表示一种【+少量】【+轻微】【+短时】【+反复】等含义。

第一，东北方言泛义动词“整”的重叠式表示短促、少量轻微的动作，表达一种轻松的感情色彩。需要注意的是，在具体的语境中，这些动作实际上可能是短促的，也可能是长时间的，但表达出来给人短促的感觉。

第二，东北方言泛义动词“整”的重叠式在祈使句中表达委婉的语气，达到劝勉的效果，如：这项任务你要用＇心整整了，不然你就要落后了。

二、东北方言泛义动词“整”的语义分析

（一）东北方言泛义动词“整”的释义

“整”在《说文解字》中被解释道:“整，齐也。齐者，禾麦吐采上平也。从攴从束从正，正亦声。”在这里，“攴”是指“敲打”，“束”是指“约束”，使之归于正，它们的意义合起来表示整齐。

在《现代汉语方言大词典》“中，“整”有三个释义，它们分别是:(1)搞、弄:这东西我看见有人整过，并不难;(2)【整个浪儿】整个，全部的:熊吃梨，整个浪儿往里吞;(3)【整庄】整齐:好，不多不少二十元钱还挺整庄《镶牙记》。其中，只有第一个意义符合泛义动词“整”的规定，在【整个浪儿】和【整庄】中的“整”不是泛义动词，它在这里有实在的意义。其中，第一条是对单音节词“整”的解释，后两条是关于“整”词条的列举和解释。随着时代的发展和语言的不断应用，“整”字在使用的过程中，除了保留原来的形容词含义外，也逐渐引申为带有致使义的动词，表示“使整齐”的含义。东北方言泛义动词“整”几乎可以说是“万能动词”，我们所列举的诸项意义，其实都是在不同的语境中的意义，虽然列举了一些，但没有详尽，也很难详尽。我们在这些用法的基础上进一步抽象出“整”的概括义，探究它究竟能够表达哪一类的动词。在我们所举的例子中，没有表示静态动词“坐、睡”等意义的用法，也没有表示“是、等于”等意义的用法。

首先，在以上列举的各类词中，我们发现大部分有处置性的、及物的动作行为动词可以被泛义动词“整”替代，如“学”“打”“挠”“踢”等;其次，有一些动词不能被“整”替代，如心理活动动词如“爱”“恨”“珍惜”“厌恶”“想念”等，表存在、变化、消失的动词如“存在”“有”“增加”“减少”“消灭”等，判断动词，如“是”“不是”等，能愿动词，如“可能”“必要”“必然”等，趋向动词，如“上来”“下来”“上去”“下去”等，都不能由泛义动词“整”代替。

（二）东北方言泛义动词“整”与代动词、多义词、其他泛义动词的区别

比如下面几个例子

a：别搬了，这桌子太沉了，我来吧。b：好，那你来吧。

a：游泳太难了，我总也学不会。b：没事的，慢慢来。

从以上例子中我们可以发现，这些都是我们日常交际中经常用到的句子，例句中的这些“来”显然不同于移位动词“他来了”当中的“来”。例子中的“来”似乎可以做两种理解，一种是省略了“来”后面的动词，“我来搬”“慢慢学”，也可以理解成这里

的“来”被替代成了动词“搬”和“学”。例句的意义就相对确定了，这里“来”的意义就是“唱”，有一定具体动作的含义。例句中的“来”又无法用具体的动作含义来解释，从语感上看，似乎具有【+实施】的含义。这四组例句中的“来”虽然有细微的差别，但它们还有一个共同的特点，即它们的含义都可以通过语境或宾语来获知。也就是说，这些句子中的“来”在一定的条件下可以代替其他的动词。

第一，泛义动词与代动词。

第二，东北方言泛义动词“整”与多义词。

多义词是指有两个或两个以上的义项的词。在《汉语词汇学》(葛本仪，2001)中讲到，在某一个发展阶段中，多义词只能有一个本义，其他义项都是在这个本义的基础之上直接或者间接派生出来的，它们之间的关系十分密切，因此，这些派生出来的意义又叫作派生义。比如:“包袱”在《现代汉语词典》中有四个义项：

①包衣服等东西用的布；

②用布包起来的包；

③比喻影响思想或行动的负担：思想~;

④相声、快书等曲艺中的笑料。把笑料说出来叫抖包袱。

从以上四个义项我们可以看出，“包袱”这个多义词的四种义项都是由一个基本义引申或比喻发展而来的，它的基本义表示“包衣服等东西用的布”或“用布包起来的包”，比喻义表示“思想或行动负担”和“笑料”等，这些义项之间都有很密切的联系。从上文东北方言泛义动词“整”的各个义项我们可以看到，“整”的各个义项之间，有的有联系，有的毫无联系，比如

例1: 就开个小会，你整这么多人过来干啥啊。

例2：小孩子都爱整沙子。

在例1这个句子中，泛义动词“整”表示“召集、组织”这个义项。在例2这个句子中，表示“玩儿”这个义项，这两个义项之间毫无关系。单从这一点来看，东北方言泛义动词“整”与多义词有着本质上的差别，因此，我们不能把东北方言泛义动词“整”简单地划分在多义词的行列中。

在现代汉语中，比较常见的泛义动词有打、弄、搞等，它们在句法形式、语义特征、语言色彩等方面与东北方言泛义动词“整”既有区别又有联系。东北方言泛义动词“整”仍属方言系统，未进入普通话系统中，《辞源》《汉语大词典》中并未收录关于泛义动词“整”的各类义项，《红楼梦》在以前的文化典籍及文学著作中所出现的“整”也都无此意义。

首先，从语义特征上来看，“整”“搞”“打”都有【+从事】【设法获得】，在具体语境中有【+贬义】的含义，在这里，“搞”和【“打”从事】意义的时候，多于结构助词“的”搭配，构成名词，表示从事的一类职业或活动。泛义动词“弄”在表示从事职业活动的意义很轻微。如：

1. 表【+从事】的句子：

a. 最近忙啥呢？

b. 家里装修，整房子呢！

2. 表示【+设法获得】：

泛义动词“整”在特定的语境中出现，可以表达一种“设法取得”的含义。如当“整”后接“数词+(量)+名词”“+(量)+名词”“量词+名词”以上三类名词时，其表示设法取得的意义，凸显“取得”的结果，忽略“设法取得”的过程，适应了交流实际中的经济性和简洁性的需要，缩短了表达和接受时间，并未使所传递的信息受到影响。在双方都意会语境的情况下，我们使用泛义动词“整”替换相应的具体动词，满足了语言的“模糊化”的表达需要，节约了编码选词所需要的时间。如：他整一个帽子给她戴。

首先，泛义动词“打”的重叠式在用法上和东北方言泛义动词“整”有一些差别。在一般句式中，“打”“弄”“整”“干”的重叠式后接具体名词的情况比较常见，而“搞”的重叠式后所接的成分多表示抽象的意义，如“搞搞关系”“搞搞建设”“搞搞生产”“搞搞活动”等。

三、东北方言泛义动词“整”的语用分析

（一）东北方言泛义动词“整”的泛义功能

第一，东北方言泛义动词“整”构成“整不好”式的推测功能。在这种用法中，泛义动词“整”一般和“不好”结合，形成“整不好”这样的固定短语，它的意义跟“搞不好”相似，表达一种推测、假设的含义，后多接含有贬义色彩的结果。

例1：看这乌云黑的，过一会儿整不好要下雨，咱别出去玩儿了。

例2：他这样选择，整不好都是他父母逼的，不要埋怨他了。

例3：这个病一定要趁早治疗，一直拖着整不好就留下后遗症了。

例4：我这几天一个劲儿地打喷嚏，整不好要感冒。

例5：像她这样惯孩子，打不得骂不得，整不好哪天那孩子走向社会了就要吃大亏。

在这些句子中，泛义动词“整”构成了“整不好”作为一个结构体具有了推测的功能，“下雨”“留下后遗症”“感冒”“吃大亏”是推测可能出现的结果，而“父母逼的”，

是其推测可能出现的原因。

第二，东北方言泛义动词“整”具有代动功能。

在上文我们已经详细讨论过东北方言泛义动词“整”具有代动性，它与先行词分别形成复指关系和非复指关系的具体情况和用法，我们不再赘述，下面我们将重点讨论一下东北方言泛义动词“整”的替代条件和替代功能。由于东北方言泛义动词“整”的意义是十分丰富的，它在具体的语境中，受到了某些相关成分的直接限制作用，“外延受到限制，内涵得以确定，从而与某一个或一组动词产生对等关系”。在这里，我们根据黄伯荣、廖序东《现代汉语》(2007) 对动词的分类，首先，大部分有处置性的、及物的动作行为动词可以被泛义动词“整”替代。如打扫、修理、举办、购买、安排、打扮等等，这是“整”的替代条件之一。

例 1：终于搬进新房子了，咱们开始打扫房间吧，你整楼上，我整楼下。(打扫)

例 2：有的人不适合化妆，还是自然美比较好，不然越整越难看。(打扮)

泛义动词“整”不能替代“是、属于、容纳、包括、有、拥有”“同意、相信、记得、承认、关心、忘记、知道、信任、想象、认为”“喜欢、讨厌期待、憎恨、崇拜、希望、在乎、感到、原谅”等这些表示归属、认知情感之类的静态动词，同时也要求【十有生】的施事做主语。此外，东北方言泛义动词“整”的代动功能不仅仅表现在它可以替代一些具体的动词，它还表现在当说话者一时间没有想起来一些更具体的动词来表达的时候，或者说话者不知道听话者或另一方在做什么动作，说话者无法理解或无法判断，所以无法使用更加具体的动词来表达，这时泛义动词“整”可以作其他具体动词的临时代替来传达信息，达到完成语言交际的目的，具有一定的临时替代功能。如：你在那整啥呢？怎么这么大动静？我在砸核桃。在这句话中，我们可以看到说话者只能听到“动静”，却不知道听话者具体动作行为泛义动词。“砸”的情况下产生的疑问，由于无法判断其动作行为而使用东北方言，“整”，既能完整的传达说话者的意思，也能使听话者听懂并给出问题的答案，完成一个话语轮次。

（二）东北方言泛义动词“整”的语用特点

第一，泛义动词“整”一般适用于口语化的表达。泛义动词“整”在口语中使用，一般只适应轻松、非正式的场合，而且一般只针对晚辈、下级及平辈和熟人之间。泛义动词“整”的代动功能使其替代的是一个个具体的动词，而每一个具体的动词都有自己的个性，有效地避免了重复和复杂的语义，符合了语言的经济性原则。泛义动词“整”可以代替大量具体动词，表示各种意义，这些具体意义受句外语境制约，我们需要通过具体的语言环境来确定其具体的含义。在一些语境中，某些单一或连续的动作无法用具体的词语代替，这样泛义动词就发挥出了其巨大的作用，用泛义动词代替某个具体的动作缩短了语言编码解码的时间，使语言交际更加契合。

例子 1：我给你整条鱼去！

例子 2：他这几天整房子呢！

在这两句子中，没有给出一个具体的语境，这使其表达的意义不确定，在例 1 中，泛义动词“整”既可能表达“钓鱼”的含义，又可能表达“买鱼”“做鱼吃”等含义。在例 2 中，泛义动词“整”可能表达“买卖房子”，也可能表达“装修房子”的含义，具体是哪一种含义，只有说话者和听话者能够理解、明白。泛义动词“整”的存在，凸显了事件结果，忽略了事件过程。因此，它符合语言的经济性原则，运用于口语化的场合中，便于口语交际。我们发现政论语体、科技语体、事务语体中都没有泛义动词“整”的用例。

第二，更多地用于轻松和非正式的场合。

泛义动词“整”更多地在轻松的、不正式的场合使用，有减轻“行为者”责任和压力的作用。在泛义动词中间可插入虚指的“他(它)”。“整”带数量宾语或带有数量结构的宾语时，用来表示语气上的轻松和随意，在这里，有时泛义动词“整”与“来”的用法一致。例如：今天高兴，咱们整它两桌好酒好菜！相反，泛义动词“整”一般不能用在庄严、正式的场合，如在葬礼仪式、法庭宣判等场合。我们以北大语料库为考察对象，在以“法律法规”“社科”“说明”“政论”“经济学”“科技”“心理学”“序跋文荟”“计算机”为类型的语料检索中，没有发现一例泛义动词“整”的用例。

第三，使用泛义动词“整”的句子，除了使语义更富有主观化倾向以外，更能使句子有一定的突出和强调焦点的作用。信息焦点，是一句话中最重要的信息，要突出一句话中的信息焦点，需要用不同手段和方法去表达，下面我们就分析一下在含有泛义动词“整”的句子中，是怎样做到突出焦点作用的。

例 1：a. 在初审过后，我们应再整一轮亘越麦丛。

b. 在初审过后，我们应再面试考试二业。

例 2：a. 如果你要再整一次大胆的皇丛，就可能获得成功。

b. 如果你要再大胆的尝试二业，就可能获得成功。

我们都知道，在现代汉语中，在一般情况下都是句末焦点的格局，也就是说，

在例 1 和例 2 的 b 组句子中中，焦点应该都是句末的词“一轮”“一次”。在有泛义动词“整”的句子中，虽然这两组句子的语义基本不变，但是所表达的信息重点却有着细微的差别。在这两组例子中我们可以看到，泛义动词“整”主要是通过焦点移位来实

现其对句子强调性的，将动词“面试”向后移至句末焦点的位置，这样动词之后的成分就必须前移作修饰语，同时，动词“面试”也失去了充当谓语的能力，这样谓语就出现空缺，需要一个成分来填补，泛义动词“整”就担当了这个角色，它既可以弥补谓语空缺，又没有增加和改变句子的原意。因此，泛义动词“整”很好地起到了强调、突出句子信息的作用。

（三）东北方言泛义动词“整”的修辞效果分析

东北方言具有幽默风趣、活泼俏皮、直白辛辣、语义丰富、结构复杂及极强的表现力等特点。这些特点使其具有一定的形象性、生动性、节奏性和情感的强烈性。这些是普通话所无法比拟的，而且有一些东北方言词汇在普通话中没有恰当的词汇来代替，尤其是东北方言中富有表现力的词汇在普通话中没有相应的词汇。即使在普通话中找到语义上跟东北话相对等的词，也难以表达出东北方言所特有的简洁、夸张、生动、幽默的特点，它弥补了普通话所不具有的某种特殊色彩。东北方言泛义动词“整”就是这样的一类词，在东北人的日常生活中，它的出现和使用为语言增添了许多色彩，下面我们来详细讨论一下东北方言泛义动词“整”的修辞效果。

第一，满足 " 模糊 " 表达的需要。

范光林 (2009) 提到，有些动作在现代汉语中不易找到恰当的词与之对应，对于这些词，需要一个概括性很强的词来概括它们。这样的动词在语言的表达上看似具有一定的模糊性，然而正是这种一定程度上的模糊性，有效地发挥了语言的交际职能，使这样的动词具有了似乎万能的性质。有些“整”字在一个话语伦次中出现，不讲出泛义动词“整”所替代的具体动作或具体内容，是为了满足语言“模糊化”的表达需要。泛义动词“整”的“模糊”表达，有时是因为句子中的具体动词不可能做到明确表达，有时是因为句子中的具体动作不需要详细表达，有时因为是所讲的内容需要隐晦的表达。

例如现在这年头，想整个驾照真的很难，还是老老实实地学车吧。

人们在语言交际的过程中使用泛义动词“整”，很多时候是不需要使语言表达得严密、明确，有的时候说话者为了适应语境的需要，达到一定的语用目的，反而需要表达得含混、模糊。在具体的语境条件下，泛义动词“整”可以同时表达几个的动词的含义，除了泛义动词“整”之外，其他具体的动词似乎很难表达和“整”一样的效果，它是不可以被其他具体的动词代替的，这种情况下泛义动词“整”语法化的程度更深，如我们上文提到的“整景”“整事 (儿)”等，它们都表达一种挑事，表达做事情夸张的含义，在东北方言中已经固化成词，这在一定程度上反映了泛义动词的语法化过程。再如：关于整钱，在我看来这并非是真正的挣钱，而是在整个社会、整老百姓。在这里，“整钱”

与“挣钱”的意义有区别，带有一定的贬义色彩。这里的“整钱”表示使用某种不正当的、非法的手段得到钱的意义，“整个社会”“整老百姓”更带有负面的意义。在这里，我们不知道句中的“整”具体是使用何种手段，这些具体手段也很难用某个具体的动词来替代，我们只知道“整”会带来不好的结果。

缩短语言表达与接受的时间。

《长春晚报》中有一组例句，在这里，东北方言泛义动词“整”集中出现。

a: 整啥呢，哥们儿？

b: 哦！我这不整鱼塘呢嘛，真是累死啦！

a: 别在那整了，上俺家整两盅吧！

b: 你可拉倒吧，真能整事儿。家里就剩俩柿子了，你家老娘们儿(妻子)能整出啥菜呀？

a: 哪能呢，我晌午刚那擎回两条红鲤子，活的，可新鲜啦！

在这一小段对话中，我们可以确定某些“整”的意义，如：“整两盅”中的“整”，是喝酒的意思，“整事”在东北方言中已经固化成词，其中“整”的意思是挑事、没事找事的意思。由于不明确的语境的制约，其他如“整鱼塘”“整回两条红鲤子”中的“整”，我们无法确定“整”的具体动作，因为“整鱼塘”的意义可能是修理鱼塘、喂鱼、撒鱼苗等含义，“整回两条红鲤子”中“整”可能是说话者自己钓鱼、捞鱼，也可能是从别人手中索要或购买获得。虽然说话者和听话者可能都不明确“整”的具体方式，这样只强调事情的结果，不注重过程，反而契合了两人的交际，缩短了语言表达和接受的时间，因为具体的动词表示方式如“钓回两条红鲤子”或“做出菜”等，只需要成为语言交流的背景，它们并不是听者和说者的关注焦点。说话者只想表达“整回两条红鲤子”“做出菜”这样的结果，而不关注具体的“整(钓鱼、捞鱼、索要或购买获得)回”和“做(炒、炖、烧、炸)出菜”的方式，所以东北方言泛义动词“整”在不影响语言交际的基础之上，缩短了语言交流中编码和解码的时间，使语言交际更加契合。

东北方言本身不仅仅是一种文化，是一种语言根基，也是一种情结，是一种社会需要，具有独特的使用价值和文化价值。著名学者钱玄同曾说：“方言的本身，是一种独立的语言；方言文学的本身，是一种独立的文学，它们自己发达，它们永远存在。”方言具有不可替代的作用，所以我们应该让语言顺其自然发展，真正做到平等对待一切语言，让方言文化自由开展起来，充分发挥语言的多种语体和功用，形成自然的双语环境，普通话与方言双轨同行。我们祈愿东北方言能以其独有的魅力创出精品，继续为丰富中华民族的语言、文化添砖加瓦，为民族语言在新的历史条件下融合、创新提供新的机遇，为弘扬民族文化做出应有的贡献，让民族语言、文化之魂发扬光大。

第五章　以文学作品进行东北语言应用

第一节　周立波与《暴风骤雨》

一、周立波生平介绍

周立波是现代著名作家，1908 年 8 月出生于湖南省益阳县清溪村的一个普通农民家庭，他原名是周绍仪，字凤翔，又名奉悟，立波是他在 30 年代从事写作时起的一个笔名。他从小在农村长大，受淳朴的民风熏陶，天生和农民有着深厚的感情，他接受过良好的学校教育，先是在农村私塾读书，接着在益阳县立国民学校念完初小，又考上了益阳县立第一小学堂，在该校念完了三年的高小，他在小学时就熟读了四大名著、《聊斋志异》《说岳全传》等小说，这为他日后的小说写作打下了基础。

1924 年他以优异的成绩考上了湖南省立第一中学，在那里他阅读了新文学作品，接触到了共产党宣传的进步革命思想，1929 年他考入了上海劳动大学，他追求进步，经常参加爱国主义的集会和游行，而后因参加中共地下党组织的革命活动被上海劳动大学开除，后来因参加上海的工人罢工运动，被国民党反动派抓捕入狱，在狱中他仍坚持斗争，坚强不屈，出狱后由同乡周扬介绍加入了中国左联，为革命而进行文学创作，写出了若干篇反映爱国主义和革命主义的散文、长诗，以及宣传马克思列宁主义文艺理论的文章，而后加入了中国共产党，在党的安排下先后担任了抗日战争的战地记者、《救亡日报》编辑、延安鲁迅艺术学院的教员、三五九旅的秘书，1941 年他以陕甘宁边区的农村生活为题材创作了第一篇小说《牛》，1942 年被邀请参加了延安文艺座谈会，聆听了毛泽东在座谈会上发表的讲话，对他影响巨大，他在日后的文学创作就是在《讲话》所确定的为工农兵服务的文艺政策的指引下进行的。

1946 年 10 月他被党组织派遣到今黑龙江省尚志市元宝镇的元宝村参加土地改革，他根据在农村的工作和生活的经历在 1948 年末创作完成了令他蜚声于文坛的长篇小说《暴风骤雨》，该部小说在国内好评如潮，1951 年还获得了来自国外的一项殊荣——苏联的斯大林文学奖。当年周立波又去北京石景山钢铁厂参加劳动，根据在钢铁厂的见闻，他于 1954 年创作完成了长篇小说《铁水奔流》，1955 年他回到了家乡益阳县的农村参与创建农业合作社，他根据在家乡的生活、工作经历分别于 1957 年和 1959 年完成了长篇小说《山乡巨变》的正篇和续篇的创作。1959 年至 1965 年笔耕不辍，又创作了二十多篇反映社会主义时期益阳农村生活的短篇小说，他与另一位乡土作家赵树理被合称为“南周北赵”，在文化大革命中，周立波惨遭林彪、江青一伙的迫害，被迫停止创作小说，文化大革命结束之后，他获得了平反，又开始了创作，1978 年创立成了歌颂八路军三五九旅的短篇小说《湘江一夜》，被文联授予全国短篇小说一等奖，翌年，饱受病魔摧残的周立波在北京溘然长逝，留下了未完成的遗作《风雪汾河》。

二、《暴风骤雨》介绍

长篇小说《暴风骤雨》以解放战争时期松江省（今黑龙江省）的元茂屯为背景，描写了该屯子的贫困农民在共产党的领导下，翻身起来反封建、斗地主，参加土地改革运动的过程。《暴风骤雨》分为第一部和第二部，一共 32 万多字，1951 获得了由苏联颁发的斯大林文学奖的三等奖，是周立波的成名之作和代表之作，它与丁玲的《太阳照在桑干河上》是“土改小说”中的杰出的作品。

第一部主要写的是：1946 年，共产党派遣一支以萧祥同志为队长的工作队，来到解放区松江省的元茂屯，准备发动并领导那里的土地改革运动，出身贫农的赵玉林积极响应工作队的号召，具有很高的觉悟。他把郭全海、白玉山、老孙头等贫苦农民都串联组织起来，这些出身下层的穷人在过去都受尽了恶霸地主韩老六的剥削和迫害。在萧队长的领导下，他们紧密地团结在一起，与韩老六一伙斗智斗勇，经历了三次艰苦的斗争，终于将韩老六绳之以法，广大的贫苦农民分到了属于自己的土地，并且在萧队长的带领下消灭了意欲为韩老六报仇的一帮土匪，土改斗争取得了暂时性、阶段性的胜利，工作队转向其他屯子去领导土改。

第二部主要写的是：1947 年，在工作队离开以后，元茂屯农会的领导权被以之前伪装起来的坏分子张富英为首的反动势力所篡夺，原主任郭全海被排挤出农会，土改的成果即将被吞食，元茂屯面临地主复辟的危险，这时候以萧队长为首的工作队突然杀了个回马枪，再次来到元茂屯。在萧队长的带领下，贫苦农民惩治了张富英，夺回了农会的领导权，守护住了土改的成果，立场坚定、觉悟高的出身贫苦的郭全海被重新推选为农会的主任。他积极组织农会成员，展开了对伪善的地主杜善人和贪婪成性的地主唐抓子的斗争，取得了“砍挖运动”的胜利，土地改革斗争取得了彻底的胜利。

第二节 《暴风骤雨》中的东北方言词研究

一、《暴风骤雨》中的东北方言词的词类分布

东北方言词是指在东北地区使用的，与普通话说法不同的，较少在其他方言区使用的词语，本书主要参照六部东北方言词典，并通过田野调查，向四位说东北方言的 70 岁以上的老人请教、咨询，从《暴风骤雨》中界定、筛选出 457 个东北方言词。

按照词性划分为十一类，分别是形容词、名词、动词、副词、量词、语气词、介词、代词、助词、连词和拟声词。其中名词的数量最多，有 216 个，大约占总数的 47%，动词的数量位居第二，有 135 个，大约占总数的 29%；形容词的数量排在第三，共 76 个，大约占总数的 17%；副词的数量为 14 个，大约占总数的 3%；量词的数量为 5 个，代词的数量为 4 个，拟声词、介词各 2 个；助词、连词、语气词各 1 个。现将各词类的东北方言词列举出来。

（一）名词

第一，表示人的名词。

1. 双音节

胡子、小嘎、坏根、丫蛋、粮户、富根、劳金、娘们、牌长、腿子、料子、爷们。

2. 三音节

半拉子、屋里的、利落手、跑腿子、狗蹦子、老疙疸、屯溜子、老爷们、棒子手、窝囊废、小闷头、贱皮子、小崽子、小点子、花舌子、臭根子、老爷子、二混子、二流子、穷棒子、老娘们、绝户头、磕头的、插签儿、打头的。

3. 四音节

埋汰底子、王八犊子、破鞋烂袜、半开门子、猴巴崽子、猴儿崽子、三老四少。

由上我们可知，表示人的名词一共有 44 个，其中三音节的词语居多，共有 25 个。含有后缀“子”的词语共有 21 个，几乎占到了表示人的名词的一半。刁晏斌先生曾指出“现代汉语中词的退隐也有明显的阶段性，形成了两个较大规模的高潮：一是中华人民共和国成立初期，二是文革结束后、改革开放的初期。”上面有一些方言词随着新中国的成立、社会的变迁逐渐不为人们所使用，成为旧词语，它们是：

胡子：旧社会人们对土匪的称呼粮户。旧社会的地主。

穷棒子：旧社会地主对贫农的贬称。牌长：旧社会管理十户人家的头目。

三老四少：旧社会加入青帮的人。劳金：旧社会给地主常年干活的人。

富根：旧社会对富农的称呼。

第二，表示事物的名词。

1. 双音节

洋捞、日头、擞子、栟子、道沿、水筲、壳囊、苞米、泡子、棵子、包拢、炕沿、炕琴、炸子、相赢、困劲、冰渣、细活、腰别、灶坑、舌子、浮物、身上、地瓜、闲嗑、儿马、牤子、匣枪、大排、张三、家雀、牙狗、条通、烧锅、飘花、疙脂、靰鞡、明子、脚窝、扎枪、马架、红媒、涝地、巴斗、茓子、橛子、大田、鲁壶、大瞎、钦刀、套包、念相、元豆、咂咂、爬犁、仰脸、狗鱼、耲耙、浇裹。

2. 三音节

身板儿、脚脖子、脚片子、脚丫子、鸡子儿、马勺子、拉拉咕、疙疸鬏、耳括子、脑瓜子、攀地龙、口溜子、草甸子、黑瞎子、跳猫子、脑盖子、金镏子、耳丫子、仰八叉、小鸡子、冰溜子、二人转、铁探子、腰眼子、脚骨拐、嘴巴子、眼泪瓣、波罗盖、金钳子、二荒地、劈花麻、摇车子、翻把账、青苞米、灯匣子、老爷儿、山神爷、碗架子、窝子病、瓜葛亲、大租子、月牙地、开锁猪、下马席、雪末籽、坐堂水、俏皮嗑、暴烟雪、麻尾雀、脑袋瓜、下巴颏、柴火垛、西蔓谷、夜猫子、黄皮子、呱打板、靰鞡草、花梨棒、掏火耙、洋粉莲、山丁子。

3. 四音节

靰鞡绕子、后脑勺子、苞米茬子、苞米楼子、贼卵子马、热毛子马、小份子钱、黄烟架子、玻璃碴子、黄土包子、石头砬子、家雀崽子、长脖老等、根根梢梢、狐黄二仙、宗宗样样、地头地脑、骑马带子、嘴巴皮子、老母猪炮、香油馃子、二马爬犁、棉花桃雪、苞米棵子、苞米棒子。

4. 五音节

小日月庄稼、天鹅下蛋地

由上我们可知，表示事物的名词一共 147 个，远比表示人的名词多，其中双音节词 59 个、三音节词 61 个、四音节词 25 个、五音节词 2 个，从词形上看，仍然以含有后缀“子”的词语居多，共有 50 个，大约占了表示事物的名词的三分之一，这反映出后缀“子”在东北方言名词中使用比较广泛。

其中有一对词是同义词，它们是“日头”和“老爷儿”，二者都是指太阳，“日头”在东北地区使用范围更广，使用频率更高。

在表示事物的名词中，还有一些在中华人民共和国成立后随着社会的发展逐渐消失了的旧词语，如下：

浮物：土地改革时期从地主家搜出来的动产，比如衣服、金银财宝；大排：旧社会地主成立的武装，用于镇压农民的反抗；老母猪炮：革命年代在农村使用的一种比较笨重的土炮；匣枪：指驳壳枪，因其用木匣子做枪套，故名；马架：穷人搭建的用于栖身的小窝棚。

第三，时间名词

1. 双音节

下晚、下黑、黑间、黑白、头晌、晌午、下晌、后晌、老秋。

2. 四音节

黑价白日、三星晌午在时间名词中，双音节词在数量上占优势，其中“下晚”“下黑”“黑间”。

这三个方言词是同义词，都是指晚上；“下晌”和“后晌”也是同义词，二者都指下午；“黑白”和“黑价白日”是同义词，二者都是晚上和白天的合称。

第四，处所名词

1. 双音节。院套、当院、风眼、下屋、街里、上屋、茅楼、屯落。

2. 三音节。笆篱子。

3. 四音节。黄土岗子。

第五，方位名词

旁拉、东头、当间、当心。东北方言的“当心”与普通话中的“当心”是同形异义词，前者指事物的中心、中间位置，后者是动词，指小心。“当间”与“当心”是同义词。

（一）动词

第一，动作行为动词。

1. 单音节

晾、刺、啐、瞅、凶、悠、炕、络、蹽

2. 双音节

唠嗑、干仗、走事、开镰、管够、铲趟、打地、倒月、整菜、拍塌、掐尖、搭伙、下炕、劈地、打么、烧炕、着家、抖擞、可劲、抵钱、还阳、抓差、立擂、查根、吃晌、捣动、吱声、侍弄、济事、扛活、集拢、叨咕、落黑、闲唠、豁劲、分浮、白搭、走道、要钱、挂锄、吵吵、豁上、混熟、唠唠、光腚、拔炕、盘炕、收稍、糊弄、回生、溜号、倒动、沾包、哭唤、反鞭、唧唧、短揍、冒花、卖呆、挤拥、漫墙、吃青、造模、扎古、扯淡、

拐带、拉倒、插枪、学样、唠扯、上炕、连补、上头、爬窝、定弦、当令

3. 三音节

卖大炕、跳大神、跳二神、捉藏猫、拿大草、蹲风眼、对心眼、扎古丁、逛道儿、架不住、拉套子、胡咯咯、打唧唧、扫堂子、雀叫唤、串鼻子、通鼻子、耍尖头、放局子、打八刀、拉齐套、归大堆、夹障子、码麦子、放秋拢、抹脖子、过大堂、拉帮套。

4. 四音节

随帮唱影、横拉竖割、胡扯八溜、勾搭连环、混天撩日、随河打淌、走风走水、沾亲挂拐、东跑西颠、溜须捧胜、连唪带撵、连跌带晃、糊枪头子、东扯西唠

由上我们可知，动作行为动词一共 128 个，其中单音节动词 10 个、双音节动词 76 个、三音节动词 28 个、四音节动词 14 个，双音节动词在数量上占的比重最大。有一些动词随着新中国的成立，时代的变迁，社会的发展已经成了旧词语，不再为现在的东北人所使用，可以通过它们看到当时的社会面貌。例如，掐尖：土地改革时期，贫农斗争富农。搭伙：旧社会有不正当关系的男女同居在一起。打八刀：指旧社会夫妻离婚。劈地：农民们分地主家的田地。插枪：土地革命时期，地主把枪支弹药藏起来。卖大炕：旧社会失足妇女卖淫。扎古丁：旧社会土匪晚上到家里抢劫。扛活：旧社会农民给地主干活。分浮：农民分地主家的财物。扫堂子：请跳大神的赶走家里的鬼，也指外村的农民们来本村斗地主。

第二，心理活动动词隔厌、懊糟、上火、嫌唬、急眼

东北方言的“上火”与普通话的“上火”是同形异义词，前者指生气、发怒，后者指身体因阴阳失调产生了内热。

第三，能愿动词。备不住、兴。“备不住”，也可写作“背不住”，它和“兴”都表示可能的意思，是同义词，在东北方言中，另一个方言词“保不齐”也表示可能的意思。

（二）形容词

第一，性质形容词。1. 单音节。灵、虎 2. 双音节。蝎虎、粘巴、带劲、硬实、好使、软乎、磕碜、嘎咕、二虎、敞亮、倔巴、疵毛。3. 三音节。二五眼 4. 四音节二虎吧唧、傻儿吧唧、二不隆冬。

上面的性质形容词以双音节词语居多，除了“粘巴”和“软乎”用来修饰事物，其他都可以用来修饰人。其中“二虎”和“二虎吧唧”是同义词，“吧唧”是后缀，无实际含义，它们有两个相同的义项，一是形容人鲁莽，二是形容人傻。“傻儿吧唧”“二五眼”“二不隆冬”是同义词，它们都是形容人傻。

第二，状态形容词。

1. 双音节

确青、溜净、乱套、熊样、精穷、赶趟、溜光、精壮、当紧、光趟、迷糊、溜明、黑丧、溜圆、溜严、穷劲、尿骚、埋汰、黑腥、精薄、捏贴、乍凉、溜粗、近乎、消停

2、三音节

灰不溜、哭溜溜、差不离、不大离、半拉架、深窿窿、不远遐

3. 四音节

黑不溜秋、二流大挂、黑漆廖光、哗门吊嘴、红脸粗脖、滴滴溜溜、能说会唠、舞舞爪爪、侧棱侧棱、胡子叭髭、歪歪扁扁、溜光水滑、离离拉拉、乱马人哗、窝窝鳖鳖、溜干儿净、迷迷瞪瞪、牙硬嘴强、乱乱嘈嘈、没根没叶、糖嘴蜜舌、乐乐呵呵

在以上的状态形容词中，双音节词和四音节词居多，四音节词是形容词的生动形式，在描绘人或物时充满了形象、生动的色彩，作者根据所描写对象的特点恰当地运用了它们，如用“乱乱糟糟”形容吵闹的人群。此外，含有表示很、非常之义的词素“溜”的词语有 8 个，分别是溜光水滑、溜净、溜光、溜明、溜圆、溜严、溜干儿净、溜粗，作者把它们运用得很娴熟，除了小说中的这八个词语，在东北方言中含有词素“溜”的状态形容词还有溜满、溜齐、溜鼓、溜直、溜滑、溜平。

第四，不定量形容词。

表示数量很多：老鼻子、不老少。

表示数量很少：一星半点、微微了了。

（三）副词

东北方言副词包括时间副词、情态副词、范围副词、频率副词、语气副词、表示肯定的副词六类。

第一，时间副词。在早、才刚、头回、起小、久后、眼瞅、多咱。

第二，情态副词。冷丁。

第三，范围副词。一块堆。

第四，频率副词。麻溜、一径。

第五，语气副词。作兴、不见起。

第六，表示肯定的副词。定规。

（四）动作行为动词其他词类

《暴风骤雨》中的东北方言词除了名词、动词、形容词、副词之外，还有以下七类词，这七类词的数量很少，列举如下：

第一，量词。槎、溜、号、挂、棒子。

第二，代词。咋、咋的、各人、这疙疸。

第三，拟声词叽叽嘈嘈、叽叽哇哇。

第四，介词。可、搁。

第五，助词。唔的。

第六，连词。要不价。

第七，语气词。嗯哪。

从以上的列举，我们可以看到《暴风骤雨》所运用的东北方言词在11个词类都有分布，主要集中分布在名词、动词和形容词这三个词类中，在其他的词类中分布得很少，运用的名词数量几乎占到了总词数的一半，动词数量接近总词数的三分之一，形容词数量接近总词数的五分之一。

二、《暴风骤雨》中的东北方言词的语义类别分布

考察并划分《暴风骤雨》中的东北方言词的语义类别，有助于从各个语义角度清楚地了解这些东北方言词在该部小说中的分布，有助于对东北方言词做出系统的梳理，本书通过查阅六部东北方言词典和认真的田野调查，在充分了解每一个东北方言词的含义之后，借鉴《现代汉语方言大词典》的语义分类和前人对小说中东北方言词的语义分类研究成果，从词语意义的属性入手将《暴风骤雨》中的东北方言词的语义类别大致地归纳、概括为以下三十一类：

（一）动物类

动物类包括小说中出现的东北方言里的所有动物，共计24个，分别是跳猫子、黑瞎子、壳囊、拉拉咕、小鸡子、家雀、家雀崽子、麻尾雀、儿马、牤子、夜猫子、牙狗、黄皮子、开锁猪、鲫瓜子、黄骨子、狗鱼、山神爷、长脖老等、张三、老抱子、贼卵子儿马、热毛子马、骟马。

（二）植物类

植物类包括小说中出现的东北方言里的所有植物，共计17个，分别是：攀地龙、棵子、西曼谷、靰鞡草、菇娘、洋粉莲、山丁子、明子、雪末籽、劈花麻、苞米、苞米棵子、地瓜、青苞米、大瞎、苞米棒子、元豆。

（三）身体部位类

小说中出现的属于身体部位类的东北方言词共计17个，分别是脚脖子、脑瓜子、脑盖子、耳丫子、腰眼子、身板儿、脚骨拐、嘴巴子、波罗盖、脚丫子、舌子、嘴巴皮子、

脑袋瓜、下巴颏、后脑勺子、哑哑、脚片子。

（四）动作行为动词称谓类

称谓类包括小说中出现的与人的称呼有关的东北方言称谓词，共计 44 个，分别是胡子、半拉子、屋里的、小嘎、三老四少、利落手、跑腿子、狗蹦子、老疙疸、丫蛋、屯溜子、老爷们、坏根、王八犊子、棒子手、窝囊废、小闷头、破鞋烂袜、半开门子、贱皮子、小崽子、娘们、小点子、花舌子、爷们、臭根子、料子、腿子、老爷子、二混子、二流子、穷棒子、猴巴崽子、老娘们、猴儿崽子、富根、绝户头、粮户、劳金、磕头的、插签儿、牌长、埋汰底子、打头的。

（五）动作行为动词人体分泌物类

小说中属于人体分泌物类的东北方言词共计 3 个，分别是：眼泪瓣、身上、疙脂。

（六）动作行为动词饮食类

小说中属于饮食类的东北方言词共计 5 个，分别是：鸡子儿、浇裹、香油馃子、糊米茶、苞米茬子。

（七）处所类

小说中属于处所类的东北方言词共计 10 个，分别是院套、当院、笆篱子、风眼、下屋、街里、上屋、茅楼、屯落、黄土岗子。

（八）冰雪类

冰雪类包括小说中出现的与冰、雪有关的东北方言词，共计 4 个，分别是：冰渣、冰溜子、棉花桃雪、暴烟雪。

（九）心理类

心理类包括反映人的内心状态和内心活动的东北方言动词，小说中共出现 5 个，分别是隔厌、懊糟、上火、急眼、嫌唬。

（十）土地类

小说中出现的属于土地类的东北方言词一共 10 个，分别是黄土包子、地头地脑、二荒地、天鹅下蛋地、小日月庄稼、大田、涝地、月牙地、条通。

（十一）生活用具类

生活用具类包括日常生活中能用到的物品，这类词共计 33 个，分别是柈子、水筲、马勺子、金镏子、包拢、炕沿、炕琴、苞米楼子、铁探子、金钳子、骑马带子、摇车子、碗架子、套包、柴火垛、马架、掏火耙、灶坑、黄烟架子、橛子、仰脸、灯匣子、呱打板、爬犁、茓子、二马爬犁、花梨棒、耲耙、钦刀、巴斗、鲁壶、靰鞡、靰鞡绕子。

（十二）武器类

小说中出现的属于武器类的东北方言词共计 5 个，分别是炸子、腰别、匣枪、扎枪、老母猪炮。

（十三）颜色类

小说中出现的属于颜色类的东北方言形容词一共 4 个，分别是确青、黑漆廖光、黑不溜秋、灰不溜。

（十四）劳动类

小说中出现的劳动类的东北方言词一共 19 个，分别是拔炕、拿大草、侍、扛活、细活、盘炕、挂锄、漫墙、连补、烧炕、归大堆、劈地、夹障子、码麦子、整菜、放秋垅、倒月、铲趟、打地、开镰。

（十五）语言活动类

小说中出现的属于语言活动类的东北方言词一共 18 个，分别是唠嗑、刺、吱声、唠唠、叨咕、打唧唧、嗙、随帮唱影、吵吵、唠扯、胡扯八溜、唧唧、胡咯咯、闲唠、东扯西唠、俏皮嗑、闲嗑。

（十六）动作行为动词时间类

时间类包括东北方言时间名词、时间副词和表示时间变化的东北方言动词，小说中属于时间类的东北方言词一共 20 个，分别是：下晚、黑价白日、下晌、三星晌午、黑间、晌午、头晌、下黑、后晌、黑白、老秋、落黑、冒花、在早、才刚、头回、起小、久后、眼瞅、多咱。

（十七）迷信活动类

小说中出现的属于迷信活动类的东北方言词一共 3 个，分别是跳大神、跳二神、狐黄二仙。

（十八）暴力活动类

小说中出现的属于暴力活动类的东北方言词一共 4 个，分别是扎古丁、横拉竖割、抹脖子、糊枪头子。

（十九）天文类

小说中出现的属于天文类的东北方言词一共 2 个，分别是日头、老爷儿。

（二十）外貌类

小说中出现的属于外貌类的东北方言词一共 3 个，分别是磕惨、溜光水滑、胡子叭髭。

（二十一）频度类

小说中出现的属于频度类的东北方言词一共 2 个，分别是：麻溜、一径。

（二十二）性质类

性质类包括描述人或事物性质的东北方言形容词，这类词语一共有 18 个，分别是蝎虎、粘粘巴巴、带劲、硬实、好使、灵、软乎、磕惨、二五眼、二虎吧唧、二虎、傻儿吧唧、敞亮、虎、倔巴、嘎咕、疵毛、二不隆冬。

（二十三）单位类

单位类包括小说中出现的东北方言量词，这类词语一共有 5 个，分别是溜、挂、号、棒子、槎。

（二十四）语气类

语气类包括小说中出现的东北方言语气副词和语气词，这类词语一共 4 个，分别是作兴、兴、不见起、嗯哪。

（二十五）状态类

状态类包括小说中出现的描述人或事物形态的东北方言形容词，这类词语一共 45 个，分别是离离拉拉、溜净、乱套、窄隆窄隆、滴滴溜溜、深窿窿、哗门吊嘴、熊样、差不离、牙强嘴硬、头槎、精穷、赶趟、不大离、半拉架、溜光、精壮、当紧、乱乱嘈嘈、光趟、迷糊、溜明、溜圆、溜严、穷劲、尿骚、歪歪扁扁、埋汰、溜干儿净、黑腥、能说会唠、没根没叶、精薄、乐乐呵呵、糖嘴蜜舌、捏贴、不远遐、窝窝蹩蹩、二流大挂、舞舞爪爪、乍凉、溜粗、近乎、乱马人哗、哭溜溜。

（二十六）神情类

小说中出现的属于神情类的东北方言词一共 3 个，分别是红脸粗脖、黑丧、迷迷瞪瞪。

（二十七）声音类

声音类包括东北方言拟声词，有 2 个，分别是叽叽嘈嘈、叽叽哇哇。

（二十八）数量类

数量类包括小说中出现的描述数量的东北方言词，一共 4 个，分别是老鼻子、不老少、一星半点、微微了了。

（二十九）不良行为类

小说中属于不良行为类的东北方言词一共 16 个，分别是干仗、逛道儿、卖大炕、勾搭连环、混天撩日、走风走水、造模、耍尖头、溜须捧胜、反鞭、糊弄、溜号、串鼻子、拐带、耍钱、放局子、通鼻子、搭伙、拉帮套。

（三十）一般动作类

小说中属于一般动作类的东北方言词一共 19 个，分别是蹽、吃晌、瞅、光腚、捣动、集拢、扎古、雀叫唤、学样、上炕、下炕、卖呆、挤拥、哭唤、倒动、抖擞、拍塌、囟。

由上可知，《暴风骤雨》中的东北方言词在 31 个语义类别中都有分布，可见作者用词具有广泛性，其中在状态类，称谓类和生活用具类分布非常多，这在一定程度上可以表明作者偏好运用方言词来描绘人或者事物的形态，反映人际关系和展现日常生活，在动植物类、性质类、不良行为类和一般动作类分布比较多，在声音类、频度类和天文类分布特别少。

三、《暴风骤雨》中的东北方言词构词

通过考察《暴风骤雨》中的东北方言词的语素构成形式，可以发现合成词占绝大多数，极少数是单纯词，单纯词包括叠音词和音译的外来词，叠音词。咯咯、唧唧、磨磨，音译的外来词：埋汰（音译的满语词）、笆篱子（音译的俄语词）、扎古丁（音译的俄语词）。合成词有三种构词方式，分别是附加式、复合式和重叠式。现依次列举如下：

（一）附加式

附加式分为两种形式，包括前加式、后加式，其中以后加式的词语居多。

第一，前加式。

1. 含有前缀“精”的如下：

精穷、精壮、精薄

2. 含有前缀“溜”的如下：

溜净、溜光、溜明、溜圆、溜严、溜干儿净、溜粗

3. 含有前缀“确”的如下：

确青

第二，后加式。

1. 含有后缀“子”的如下：

半拉子、跑腿子、狗蹦子、屯溜子、猴儿崽子、王八犊子、半开门子、贱皮子、小崽子、小点子、花舌子、臭根子、料子、腿子、二混子、二流子、穷棒子、猴巴崽子、埋汰底子、草甸子、撇子、样子、黑瞎子、黄土包子、苞米棵子、苞米茬子、苞米棒子、石头砬子、脚脖子、马勺子、泡子、耳刮子、脑瓜子、口溜子、棵子、脑盖子、金镏子、耳丫子、小鸡子、冰溜子、玻璃碴子、苞米楼子、铁探子、腰眼子、骑马带子、舌子、嘴巴皮子、摇车子、碗架子、家雀崽子、牤子、香油馃子、拉套子、放局子、夜猫子、黄

皮子、鱼帘子、丝挂子、鲫爪子、老抱子、后脑勺子、山丁子、黄烟架子、灯匣子、茓子、大租子、靰鞡绕子、脚片子、笆篱子

2. 含有后缀“儿”的如下：

插签儿、鸡子儿、老爷儿、逛道儿、身板儿

3. 含有后缀“乎”的如下：

软乎、近乎

4. 含有后缀“吧唧”的如下：

二虎吧唧、傻儿吧唧

5. 含有后缀“巴”的如下：

粘巴、倔巴

6. 含有后缀“不溜”的如下：黑不溜、灰不溜

7. 含有后缀“不隆冬”的如下：二不隆冬

8. 含有后缀“溜溜”的如下：哭溜溜

（二）复合式

复合式分为三种类型，包括联合型、偏正型、述宾型，其中以偏正型的词语居多。

第一，联合型。

挤拥、铲趟、横拉竖割、红脸粗脖、能说会唠、糖嘴蜜舌

第二，偏正型。

坏根、臭根子、富根、闲嗑、头晌、下晌、后晌、细活、俏皮嗑、糊米茶、翻把账、青苞米、棉花桃雪、暴烟雪、二马爬犁、涝地、月牙地、开锁猪、下马席、靰鞡草、苞米棵子、苞米棒子、苞米茬子、黄土岗子、碗架子、头槎、黄烟架子、大排、玻璃碴子、棒子手、利落手、白搭

（三）述宾型。

唠嗑、拔炕、盘炕、拿大草、吃晌、吃青、蹲风眼、拉套子、漫墙、上炕、烧炕、下炕、劈地、抹脖子、过大堂、光腚、挂锄、分浮、整菜、放局子、查根、插枪、冒花、夹障子、耍钱。

第三，重叠式。

重叠式分为四种类型，包括 AA 式、AABB 式、ABAB 式、ABAC 式，其中以 AABB 式词语居多，AABB 式中以形容词的生动式居多。

1.AA 式

唠唠、吵吵、咂咂

2.AABB 式

离离拉拉、滴滴溜溜、乱乱嘈嘈、歪歪扁扁、微微了了、乐乐呵呵、窝窝鳖鳖、根根梢梢、舞舞爪爪、迷迷瞪瞪、满满堂堂、宗宗样样

3.ABAB 式

侧棱侧棱

4.ABAC 式

地头地脑、走风走水、没根没叶

《暴风骤雨》中的东北方言词和熟语研究通过以上分类列举，可以看到《暴风骤雨》中的东北方言词构词形式是比较多样的，有叠音式、音译式、前加式、后加式、联合式、偏正式、述宾式、重叠式，其中以后加式和偏正式居多，后加式以后缀“子”的形式居多，共有 69 个。

四、《暴风骤雨》中的东北方言特征词

方言学家李如龙先生曾提出方言特征词的理论，他对方言特征词下了如下定义：“方言的特征词是具有特征意义的方言词，在方言区内普遍应用，大体一致，在外区方言又是比较少见的。”本书将参照李荣先生主编的《现代汉语方言大词典》、许宝华先生主编的《汉语方言大词典》尝试从《暴风骤雨》涉及的 458 个东北方言词中辨识、提取出所有的东北方言特征词，这有助于了解并考察东北方言特征词在小说中的运用和分布情况。本书将参考李如龙先生将方言特征词按照特征意义的大小细化为一级特征词和二级特征词两个等级的做法，参照李如龙先生和刘晓梅女士编制的《官话方言特征词分级词表》将提取出来的东北方言特征词进一步划分为东北方言一级特征词和东北方言二级特征词。

参照李如龙先生对方言特征词所下的定义，东北方言一级特征词是指在东北方言区内相当一致，普遍应用的且在其他方言区很少见的特征词，小说中出现的东北方言一级特征词共计 30 个：

丫蛋、贱皮子、王八犊子、黑瞎子、黄土包子、石头砬子、苞米茬子、脚片子、一块堆、苞米楼子、腰眼子、脚骨拐、下黑、老爷儿、爬犁、靰鞡、院套、唠嗑、埋汰、溜干儿净、捣动、要不价、二虎吧唧、虎了吧唧、二不隆冬、傻儿吧唧、迷迷瞪瞪、尿骚、精薄、老鼻子。

东北方言二级特征词是指在东北方言区内比较一致，普遍应用的，较少见于其他方言区的特征词，小说中出现的东北方言二级特征词共计 21 个：瞅、多咱、黑不溜秋、

糊弄、乱套、脚脖子、脚丫子、卖呆、茅楼、夜猫子、吵吵、消停、眼瞅、敞亮、沾包、赶趟、侍弄、哭唤、耳丫子、窝囊废、才刚。

以上界定出的一级特征词和二级特征词是地道的典型的东北方言词，作者娴熟、恰当地运用了它们，它们具有鲜明的东北地域特色和浓郁的方言韵味，东北的老年人对它们很熟悉并且会使用，中年和青年人会感到比较陌生并且很少使用。

五、《暴风骤雨》中的东北方言词例释

【胡弄】

“胡弄”在东北方言中有两个义项，一个是欺骗之义，如“这个人品质不好，爱编故事胡弄人”，《暴风骤雨》中的“胡弄”都是欺骗之义，此义曾见于清代小说《海公大红袍传》：“畜生，你自视得一个知县恁大，却想来胡弄我么？”“胡弄”还有敷衍了事之义，如“今晚停电了，不做晚饭了，我们吃一些面包和饼干胡弄一下吧”，此义曾在《红楼梦》第一百一十回出现：“凤姐急忙进去，吆喝人来伺候，胡弄着将早饭打发了”。

【唠嗑】

“唠嗑”是聊天的意思，该词在东北地区使用频率很高，在小说中出现了25次，“唠”从口，劳声，本义是喧闹声，“嗑”从口，盍声，本义是话多，“唠”在东北方言中可以单独使用，做动词，与“唠嗑”同义，与“唠嗑”用法不同的是，“唠”后面可以接宾语。例如：“他俩坐在炕上唠一个小时”。“唠”可以重叠使用，如“我有事儿找你唠唠”。“唠嗑”是离合动词，可以说“唠一个小时嗑”“唠一会儿嗑”，与“唠嗑”同义的东北方言词还有“唠扯”，如“兄弟俩一边喝酒一边唠扯”。

【卖呆】

“卖呆”指看热闹，可加上儿化音变成“卖呆儿”，如“街上的秧歌好热闹，我去卖呆啦”，“看卖呆”与“卖呆”同义，也是看热闹的意思。古籍中的“卖呆”是装傻充愣的意思，如《全元曲·散曲》“眉上顿开愁锁，心头泼杀无名火，俺且学卖呆妆痔”。

【吱声】

“吱声”指说话、作声，吱在东北方言中是发出的意思，不说话可以说成“一声不吱”。“吱声”在清代小说《彭公案》中曾出现，例如“老道说：“是问病还是问事？”武杰没吱声，老道便把问病签递给他。在民国小说《明代宫闱史》中亦有，“众大臣哪里敢吱声，大家摸摸地拥在一起，连坐都不敢坐下。”吱的古义形容人声的吵闹，象声词。明汤显祖《牡丹亭·闻喜》：“人语闹吱嚓，听风声，似是女孩儿关节。”吱的今义是指细碎、尖细的声音，依然是象声词，比如：“教室的门随着同学们的进进出出在吱吱作响”，“箱

子后面的老鼠发出吱的一声”。

【急眼】

“急眼”指生气、发怒。由于不少东北人的脾气都很火爆，话不投机、言语不和就可能导致急眼，这个词在东北地区的使用频率很高，与“急眼”意义相近的有“来劲”和“急”。例如：“领导批评他两句，他就急了”。“他脾气大，爱来劲”。“急眼”在清末小说中最早出现，《大八义》第十回：石禄急眼了，伸手提着一个啐卒说：“不给你点厉害，你还敢骗我。”

【唧唧】

“唧”从口，即声，《玉篇》收有此字，本义是形容细碎的声音，东北话中的“唧唧”一般指两个人喋喋不休地争执，但争执的声音偏小，例如325页：“他和那个破鞋常唧唧”，东北方言中与“唧唧”同义的词语还有“唧咕”“打唧唧”。“唧唧”在普通话中是拟声词，多用来形容虫、鸟的细小的尖叫声，“唧唧”在唐诗中是形容悲叹声，如李白《庭前晚开花》“结实苦迟为人笑，攀折唧唧长咨嗟”；白居易《琵琶行》“我闻琵琶已叹息，又闻词语重唧唧”。到了宋代，“唧唧”用来形容虫、鸟的叫声，如朱淑真《菩萨蛮·秋声乍起梧桐落》“秋声乍起梧桐落，蛩吟唧唧添萧索”，此义一直沿袭到现代的普通话中。到了明代，“唧唧”是两个人不间断地说的意思，喻世明言（上）：“夫妻二人，唧唧哝哝，说个不了”，此句中的“唧唧”与东北方言中的“唧唧”还略有不同，东北方言词“唧唧”意在表示两个人不停地小声地争吵。

【咯咯】

“咯咯”，音同“啰”，在东北方言中有两个含义，一是指絮絮叨叨地说话，相当于普通话中的“啰唆”。例如：“你怎么咯咯个不停呢，烦不烦人？”二是指瞎说，说一些不着边际的话，如“他喝完酒，就爱跟别人咯咯”。另外普通话中也有“咯咯”，不过它是拟声词，形容笑声、鸡的叫声、牙齿的咬合声等。

【抖擞】

“抖擞”在东北方言里指得意，如“他考了第一名，开始抖擞起来了”，与它意义相近的方言词是“嘚瑟”，二者可以互为替换，“抖擞”在普通话中是振作的意思，多与“精神”相搭配，如“他抖擞起精神，继续写论文”。“抖擞”在明代文献中有两个义项，一个是得意之义，如明黄叔初《新水令·寿陈莨卿》套曲：“词才羡君真抖擞，何事缘诗瘦？”另一个是振作之义，如明罗贯中《三国演义》：“魏将，抖擞精神，骤马追来”。

【耍钱】

“耍钱”是赌博之义，“耍”本义是戏耍女子，起初是指不正当的、轻佻的调戏女子的行为，贬义色彩浓厚，到了宋代，文献中出现了“要金要银”一词，“要”和“金、银”连用，指在赌博中所押的钱，如宋陶谷《清异录·花》“负者献要金要银买燕”。“要钱”一词在明清小说中多有出现，如《金瓶梅》“那两个捣子，得了银子，依旧要钱去了”；《红楼梦》第六十三回：林之孝家的吩咐：“别要钱吃酒，放倒头睡到大天亮。我听见是不依的”。

【蹽】

“蹽”从足，尞声，《说文解字》无此字，是后起字，东北方言中的“蹽”有两个义项，一是指趁人不备悄悄地逃走，例如“民警一时大意，让这个小偷蹽了”；二是指快速地跑，如“这匹马体力真好，一天蹽了三百里地”。

【吵吵】

“吵吵”有两个义项，其一是指大声地争执，如“他俩喝了酒就吵吵起来了”；其二是指一群人在乱说话，如“你们都别吵吵了，村长有话要讲”，《暴风骤雨》中出现的“吵吵”大多是第二个义项。

【瞅】（第 189 页）

“瞅”即是看，从目，秋声，《说文解字》无此字，是后起字，在东北方言中使用频率很高。“瞅”在元代的《话本选集》中就已经出现了，如“婆子便把眼瞅着”。“瞅”在明代白话小说中也曾出现，《水浒传》和《金瓶梅》皆有该词，东北方言以“瞅”作为语素的词语还有瞅见、眼瞅，瞅见即看见，眼瞅即眼看着就要发生某事，含有对将来有一种预见之义，例如：“快起来吧，眼瞅着就要迟到了”。

【叨咕】（第 115 页）

“叨咕”一词有两个含义，其一是用话语诅咒别人，如“张婶自从和邻居王阿姨吵架之后，她经常在背后叨咕王阿姨”；其二是轻声地唠叨，“你自己一个人在那儿叨咕什么呢？”

【嫌唬】（第 388 页）

“嫌唬”也可写作“嫌乎”，有两个义项，其一是厌恶、嫌弃，如“小明嫌唬这所学校管理差，想转学”。其二是不满意，如“他嫌唬自己的分数低，考得差，所以很不开心”。

【下晚】（第 353 页）

“下晚”指傍晚，它在小说中出现的频率最高，它的同义方言词有下黑、黑间。“下晚”一词在明清小说中多有出现，如红楼梦（程乙本）第四十八回：“我们那年上京来，那日下晚便挽住船”，《儒林外史》第四十五回：“到了下晚时候，大街上虞四公子写个说帖来”。“下晚”不仅仅通行于东北地区，在山东的胶东地区，当地人也把傍晚说成下晚，东北方言词“下晚”有可能是由于闯关东形成的迁移词语。

【晌午】(第234页)

“晌”本义是正午，《说文解字》无此字，《篇海类编·日部》：“晌，午也”。“晌午”是中午的意思，该词在元代文献中就已出现了，元《老乞大新释》：“日头又晌午了，有些热”；元《朴通事》：“比及晌午正热时分收拾”。明清小说《三国演义》《水浒传》《红楼梦》等皆有此词。经调查，胶东方言中亦有“晌午”一词，由于近代有大规模胶东人民闯关东来到东北，造成了当地词语的传播，东北方言词“晌午”很可能传自胶东方言。

【吃晌】(第40页)

“吃晌”是吃晌午饭的缩略语，前文已释义晌午是中午的意思，也可以说成“吃晌饭”，“吃晌”在东北经常用来打招呼，如“王大爷好啊，吃晌了吗？”“吃晌饭”最早见于明代的《醒世姻缘传》(下)，如那人道：“我刚只出来，孩子说家里叫我吃晌饭哩”。

【小嘎】(第145页)

“小嘎”指小孩儿，是对小孩儿的昵称。“嘎”在东北方言中经常用作形容词，表示“调皮的”“引人发笑的”，如“嘎小子”“你很嘎啊”。

【猴巴崽子】(第383页)

“猴巴崽子”指身材比较瘦弱的小孩，崽子本身指小孩，“猴巴”表示像猴子一样瘦，起到修饰“崽子”的作用，东北人常说“猴巴样”，就是形容一个人很瘦。《汉语大词典》仅释义为孩童，不够准确。

【小崽子】(第294页)

“小崽子”指年龄偏小的孩子，比“小嘎”的年龄要小，带有喜爱的意味。

【胡子】(第6页)

“胡子”是解放前东北人对土匪的称呼。“胡子”一词的来历是这样的，沙俄殖民东北时，其士兵时常在东北大地上烧杀抢掠，迫害百姓，穷凶极恶，他们的显著特点是留有大胡子，另外东北当地的土匪由于久居山林，长期不刮胡子，都留有很长的胡须，人们对他们的大胡子印象很深刻，认为打家劫舍的人的特征是大都留有大胡子，就用“胡子”来指代土匪。

【爷们】(第308页)

“爷们”指中老年男性，亦作“老爷们”。“爷们”一词在东北方言中前面可以受程度副词“很”修饰，“爷们”与“很男人”中的“男人”的用法一样，即名词的形容词化。“很爷们”表示男性很有男子汉气概。

【老娘们】(第385页)

“老娘们”指中年妇女，有时候带有贬义色彩，《汉语大词典》释义为方言中对妇女的一般称呼，不够准确，因为妇女包括青年妇女、中年妇女和老年妇女，而东北方言中的“老娘们”一般指中年妇女。

【疙疸】(第 63 页)

“疙疸”指代某一个地方或某一阶段，也用作量词，用于描述块状的东西，亦写作“疙瘩”。表示某一个地方，如“这疙疸风水不好，不要在这儿住了”;表示某一阶段，如“研讨会就开到这疙疸，散会”；可以描述块状的东西，相当于量词“块”“团”，如“他买了一疙疸年糕”。

【黑瞎子】(第 45 页)

“黑瞎子”指黑熊，也称“熊瞎子”。“黑瞎子”的得名有两种说法，其一是因为黑熊的视力差，天生近视；其二是因为黑熊的皮毛和眼睛都是黑色的，从远处看好像没有眼睛一样。

【波罗盖】(第 443 页)

“波罗盖”指膝盖，也可写作“波棱盖”或者“玻璃盖”，该词曾见于《醒世姻缘传》，第十回“隔着层夏布裤子，垫的波罗盖子慌！”又如刘亚舟《男婚女嫁》:“砍掉咱的腿，咱用波棱盖爬”。粤语中的膝盖的发音与东北方音相似，亦写作“波罗盖”，关于此词的来历，目前盛行的说法，波罗盖是模仿满语词发音的音译词。

【耳括子】

“耳括子”指耳光，亦作“耳刮子”，该词见于《金瓶梅词话》第十二回:“被西门庆兜脸一个耳刮子”。有时也简省为“刮子”，例如:“我真想给你一刮子。”

【笆篱子】(第 38 页)

“笆篱子”指监狱，旧社会的东北人常把进监狱说成“蹲笆篱子”，笆篱子是俄语借词，沙俄殖民东北时期，把东北人抓进警察局，俄语词汇“警察局”的音译即是笆篱子。

【当院】(第 54 页)

“当院”是指院子中，如“他家在当院铺了一条水泥路”。清小说《侠女奇缘》曾出现“当院”一词，“走到当院里把扯手一拢，那牲口站住，她就弃镫离鞍下来”。“当”在东北方言中表“中间”之义，如当间、当央，这两个方位名词都是中间的意思，例如:“把生日蛋糕搁在桌子当央(当间)”，东北方言中还有一句含有“当”的惯用语，就是“当不当正不正”，它的意义如同成语“不当不正”，其中的“当”是由“当央”“当间”中的表中间之义的“当”引申而来。“当不当正不正”或者用在描述空间上，形容物体所处的位置不够端正，如“你们站的这个地方真是当不当正不正”；或者用在描述时间上，形容时机不够恰当、不是时候，如“你门现在去他家找他玩，真是当不当正不正的”。

【屋里的】(第194页)

“屋里的”指代妻子，也称“屋里人”，由于妻子经常待在屋子里，不常出门，故得名。例如“老王和他屋里的一共有三个孩子”,“屋里的”与古代的“内人”同义,“内人”即屋内之人，指代妻子。

【脚丫子】(第258页)、【耳丫子】(第257页)“脚丫子”指脚，也作“脚鸭子”,“耳丫子”指耳朵，“丫子”指物体有分叉的地方。“脚丫子”一词见于清《七侠五义》:“摔了破鞋，光着脚丫子”。

【相赢】(第194页)

“相赢”有两个义项，是指好处或者优势，经常和“占”搭配，“占相赢”是指得到了好处或者比别人有优势，如“他在拆迁补偿中占了想赢”，这里的“占相赢”是指得到了好处。又如:“他之所以进入校篮球队，是因为他两米的身高占了相赢”，这个例句中的“占相赢”是指比别人有优势。

【炕琴】(第37页)

“炕琴”指放在炕上的外形呈长方体的炕柜，上面主要放被褥和枕头，是东北人常用的家具之一，很多人望文生义，误以为是某一种类的琴。

【蝎虎】(第286页)

“蝎虎”，又可写作“邪乎”。在东北方言中有两个义项，第一个是指厉害，多用来形容人很蛮横，如“这个女的可蝎虎了，经常欺负她丈夫”；第二个是指超出平常的，如“他这两天忙得挺蝎虎，一直在改论文”。《汉语大词典》仅解释“蝎虎”为厉害，不够全面。“蝎虎”一词在古汉语里只指代壁虎，如宋苏轼《蝎虎》诗:“黄鸡啄蝎如啄黍，窗间守宫称蝎虎。”元乔吉《水仙子·怨风情》曲:“野蜂儿难寻觅，蝎虎儿干害死。”《现代汉语词典》释义蝎虎为壁虎，没有其他的义项，收录了与“蝎虎”音近的词“邪乎”，并注为方言词,《中国纪检监察报》:“我看你是真出问题了！你想想，真有那么邪乎吗？”

【消停】(第289页)

“消停”即安静，如“你们别说了，消停一些，听主任讲话”。“消停”在普通话中是停下来或者休息的意思。“消停”曾见于元代戏剧《倩女离魂》:“月明直下，便东风刮，莫消停，疾进发。”这里的消停是停歇之义，“消停”的古义还有另外一个义项“舒缓、沉着”。《西游记》二十四回:“消停些，有话慢说不妨。”

【老鼻子】(第299页)

东北方言中的“老鼻子”是指特别多的意思，如“今晚有焰火表演，星海广场上的人老鼻子了”，鼻子在古代除了指嗅觉器官，还有长子的意思，《说文·王部》“皇”下云：“自，读若鼻。今俗以始生子为鼻子，是”。宋代王应麟《汉制考 · 卷四 · 说文》：“今俗以始生子为鼻子”。可见古代百姓把长子称为鼻子，其他的外人则把年龄大的长子称为老鼻子，就像称呼大儿子为“老大”一样。

【离离拉拉】（第 24 页）

“离离拉拉”指断断续续的，它与成语“稀稀拉拉”同义，如“外面的雷声倒是挺大，雨却是离离拉拉的”。东北方言动词“离拉”是指液体一点一点地滴落的意思，如“外面太热了，我手里的雪糕都化了，向下离拉水”。“离拉”的重叠式“离离拉拉”之所以有断断续续的意思，大概是由“离拉”的表一点一点地滴落之义引申而来。

【一径】（第 237 页）

“一径”指一直，不间断地，如“他一径盯着人家姑娘看”。径的本义是指人步行的小路，《说文》：“径，步道也”，《字林》：“径，小道也”，杜甫《春夜喜雨》：“野径云俱黑，江船火独明”。“一径”在中古汉语里表示一条小路，如杜牧《郡斋独酌》诗：“溪南重回首，一径出修篁”。到了近代汉语，“径”和“一径”引申出了直接、径直的义项，如《聊斋志异 · 狼三则》：“一狼径去”，《水浒传》第四十二回：“再停两日，点起山寨人马，一径去取了来”，《孽海花》第四回“说着，就一径向公坊住的那三间屋里去”。到了现代汉语普通话，“一径”沿用了直接之义，如“儿子早上没吃饭，一径去学校上学了”。【马溜】（第 204 页）

“马溜”，也可写作“麻溜”，在东北方言中指“迅速、快”，可做副词和形容词，例如：“她马溜地把饭做好了“这个姑娘做事很马溜”，在普通话中“麻利”一词与“麻溜”的意义和用法一致，例如：“老师喊你去办公室，麻利过去”，“小王干活手脚很麻利”。

【熊样】（第 19 页）

“熊样”指人窝囊、软弱的样子，东北方言中与其近义的词有“熊色样”，以“熊”为语素的表窝囊、软弱之义的名词还有熊蛋、熊蛋包、熊包、熊色、熊玩意，东北人管熊又叫熊瞎子、黑瞎子，熊给他们的感觉是反应迟钝、呆笨、老实，东北地区老一辈人经常讲熊瞎子与老虎比赛的故事，故事里面的熊瞎子很窝囊、呆笨，被老虎欺负，由动物熊的特点隐喻出上面所提到的含有“熊”的若干词汇。

【确青】（第 33 页）

“确青”表示很青的意思，如“玉米叶子确青”，东北方言词中形容颜色的还有“确黑”一词，它是指很黑，如“她的头发确黑”，还可以形容夜晚的漆黑；如“今晚没有月亮，外面确黑”。形容颜色的词语还有“确白”“确紫”“确绿”，东北方言中含有词素“确”

的还有“确疼”一词，形容特别疼，如“我得肠炎了，肚子确疼”。

【要不价】（第 366 页）

“要不价”是“要不、要不然”的意思，如“赶紧走吧，要不价赶不上汽车了”。“要不价”是由“要”和“不价”复合而成，表示“如果不这样做”的意思，“要”表示如果、假设，“不价”也是一个东北方言词，表“不这样做”之义，

例如：甲：你帮我写一下作业啊？乙：不价，别找我写。

【带劲】（第 318 页）

“带劲”一词在东北地区有两个义项，第一个义项是形容做事做得漂亮，如“你的篮球打得真带劲”。第二个义项是多用来形容人长得漂亮或者帅气，以及形容穿着、饰物等漂亮，如“小姑娘（小伙儿）长得挺带劲”；“你新买的项链真带劲”。

【溜净】（第 31 页）

“溜净”形容物体很干净，与其同义的东北方言词还有溜干儿净，如“你的衣服洗得溜净”。“溜”相当于普通话中的副词“很”，东北方言中含有语素“溜”的词语还有溜圆、溜光、溜严，如西瓜溜圆、头剃得溜光、门关得溜严。

【冷丁】（第 38 页）

“冷丁”指突然，例如“我冷丁想起我的初恋女友了”。“冷”字在普通话中有突然之义，像“突施冷箭”“放冷枪”，与其同义的东北方言词还有“冷不丁”，这两个词语都相当于普通话中的“冷不防”。

【粘粘巴巴】（第 36 页）

“粘粘巴巴”是形容物体具有粘性，“粘”同“黏”，《玉篇 · 米部》：“粘，与黏同”，本义是粘合东西，后来引申出具有粘性之义。“巴”是一个没有实际意义的后缀，如同“猴巴、蔫巴”中的“巴”一样，不表义。“粘粘巴巴”是“粘巴”的重叠式，前者偏于用于书面语，是形容词的生动式，后者更口语化，如“胶水落到了手上，粘粘巴巴的”，“粘粘巴巴”的同义词有粘粘乎乎。

【溜光水滑】（第 21 页）

“溜光水滑”多用来形容女子的皮肤光滑白皙，由表示干净的“溜光”和表示光滑的“水滑”复合而成。例如，“这个跳舞的女孩子皮肤真好，溜光水滑的”。

【滴滴溜溜】（第 40 页）

“滴滴溜溜”形容液体一滴一滴地滴落，例如，“滴滴溜溜”是“滴溜”的重叠式，动词“滴溜”是指水滴落，如“冰果化了，往地上滴溜水。”“滴溜”还可以当量词用，例如：“过来给我上一滴溜眼药水”。另外“滴溜”东北方言中还有名词的用法，如“打

滴溜”“挂滴溜”，这两个词组是同义的，相当于普通话中的“打点滴”，就是输液的意思。

【埋汰】（第 298 页）

东北方言的“埋汰”有三个义项，第一个义项是表事物不干净、脏，应为本义，例如“这件衣服真埋汰，赶紧洗了”。《暴风骤雨》中出现的“埋汰”都是脏的意思。“埋汰”一词最早出现在民国小说《雍正剑侠图》：“怎么带来这么一个前出廊后出厦……浑身埋汰的丑小子呢？”第二个义项是讽刺、侮辱人的意思，做动词，由表性质状态的“脏”引申而来，玷污某人的形象，使某人的形象变脏，如“你能不能别埋汰我？”第三个义项是形容一个人说话不文明，说的话肮脏、龌龊，由表事物的脏引申而来，如“这个人一点素质都没有，说话真埋汰。”

【多咱】（第 123、127、195 页）

“多咱”，亦作“多咱”，“咱”同“咱”，如《警世通言》：“娘叫咱寻你，是必同去走一遭。”“咱”，祖含切，是“早”和“晚”两字的合音，表“时候”，“多咱”是由“多早晚”演变过来的，相当于普通话中的“什么时候”。《金瓶梅词话》第二六回：“不知多咱，寻了自尽。”《醒世姻缘传》：“一百里路，明日赶多咱到家？”。《红楼梦》第十四回：“我且问你，你们这夜书多早晚才念呢？”“多咱”在东北方言中有实指、虚指和任指三种用法，这三种用法在该部小说中都出现了，第一种表实指的，指具体的某一个时间，例如 195 页的“多咱能来？”第二种表虚指的，不确切指某一个时间，待定的时间，如 123 页的“多咱不愿意住了，再说吧”；第三种表任指的，指将来任意一个时间，“多咱”后面常跟也和都，如 195 页的“多咱来都行”；或者是“多咱”一前一后相互对举，如 127 页的“叫他家里人把十万罚款送来，多咱交钱，多咱交保，短一个不行”。

东北方言词在小说中的词类分布和语义类别分布，东北方言词共有 11 个词类、31 个语义类别，可以看出作者用词的广泛，统计了东北方言词的词频，出现频次在 20 次以上的有 7 个，“下晚”的出现频次最高；考察了东北方言词的构词形式，大多数是合成词，少数是单纯词，界定出了 30 个东北方言一级特征词和 21 个二级特征词，并且对 50 个东北方言词进行例释，详细解释其词义。

第三节　《暴风骤雨》中的熟语研究

一、《暴风骤雨》中的熟语概貌

熟语是指那些由人民群众创造的，在口头上流行的，结构比较固定的相当于词的作用的词组或句子。熟语为人们所熟知，并熟练使用，其构成形式成熟、稳定，其意义具有整体性、凝固性。熟语是现代汉语词汇学中的术语，胡裕树先生于 80 年代在其主编的《现代汉语》中首次使用了熟语这一概念，用来指称语言中定型的词组或句子，他指出熟语是词汇的一部分，熟语研究是词汇学研究的组成部分。

周立波在《暴风骤雨》中运用了很多熟语，使小说语言朴实无华、通俗晓畅、生动形象，笔者穷尽式地从小说中收集了这些熟语，一共 130 个，在运用频次方面，有 72 个熟语在小说里只运用了一次，如“车到山前必有路”“老天爷饿不死没眼的家雀”“牛套马，累死俩”。有 37 个熟语运用了两次，如“好男不跟女斗，伸手不打笑脸人”“脚不沾地、身不沾家”“鲤鱼找鲤鱼，鲫鱼找鲫鱼”。还有 21 个熟语运用了三次，例如“天打五雷轰”“嫁汉嫁汉，穿衣吃饭”“针尖对麦芒”。

在这些熟语中，绝大多数是通用的熟语，少数是东北地区的熟语，它们基本上在东北使用，很少在其他地方使用，有的熟语含有东北方言词，带有东北地域特色。东北熟语一共 11 个，分别是“老母猪不翘脚”“拉拉蛄穿大衫，硬称土绅士”“天上打雷雷对雷，夫妻干仗棰对棰”“不知铁锹有几个齿”“上炕不拖鞋，必是袜子破”“打个兔子喂鹰”“脱靴走干道”“有钱莫买长脖子货”“兔子多咱也驾不了辕”“马勺子吊起来当锣打，穷得叮哩当啷响”“大水漫过二荒地”。（东北方言词“拉拉蛄”指田里的蝼蛄、“干仗”指打架、“马勺子”指炒菜的锅、“多咱”指什么时候、“二荒地”指以前耕种过但又荒废了的田地）在通用的熟语当中，有一小部分熟语的字面形式与熟语词典上的形式有些不同，但不影响读者的理解，现列举如下：

（一）扩展原词

骑在毛驴上（骑驴）看唱本，走着瞧。

（二）普通话中的词更换为东北方言词

黄皮子（黄鼠狼）给小鸡拜年。

（三）更换为其他的动词

《暴风骤雨》中的东北方言词和熟语研究：狗追（拿）耗子，多管闲事；喝（吃）水不忘掘（挖）井人；脚踩（踏）两只船没做亏心事；不怕鬼叫（敲）门。

（四）更换为其他的名词。

拖后脚（腿）、千（百）闻不如一见。水来土掩，匪（兵）来枪（将）挡。

二、《暴风骤雨》中的熟语的分类

本书细致地考察了这些熟语，将它们分为成语、惯用语、歇后语、谚语、俗语五个语类，其中成语 16 个、惯用语 13 个、歇后语 17 个、谚语 35 个、俗语 47 个。

（一）成语

该部小说运用的成语都是农村百姓口头上常用的俗成语，口语色彩很鲜明，没有使用像“李代桃僵”“越俎代庖”这样来自书面语系统的、书面语色彩浓厚的雅成语，其中多数是四字格以上的成语。列举如下：四字格：指鸡骂狗、三天两头、放虎归山、鸡毛蒜皮、火烧眉毛四字格以上：车到山前必有路；一问三不知；抬头不见低头；前怕狼，后怕虎；恨铁不成钢；跑了和尚跑不了庙；八仙过海，各显神通；一不做，二不休；上梁不正下梁歪；井水不犯河水；明枪好挡，暗箭难防。

（二）惯用语

小说中运用的惯用语以三字格的形式为主，三字格的惯用语以动宾结构居多，还有少量的四字格和五字格。列举如下：三字格：一膀掀、鬼门关、冒青烟、嚼舌头、拖后腿、钻空子、吐苦水、刷锅水、赛华佗、背黑锅。四字格：锅碗瓢盆。五字格：皮笑肉不笑、针尖对麦芒。

（三）歇后语

小说中所运用的歇后语绝大多数是喻意歇后语，有 16 个，喻意歇后语的前一句话是一个生动的比喻，后一句话是对前一句话的喻意的解释，喻意歇后语具有俏皮、诙谐、生动形象的特点，列举如下：

夜猫子拉小鸡——有去无回

骑在毛驴上看唱本——走着瞧

灶王爷上西天——有啥说啥

泥菩萨过江——自身难保

黄皮子给小鸡拜年——没安好心

狗追耗子——多管闲事

拉拉蛄穿大衫——硬称土绅士

周瑜打黄盖——一个愿打，一个愿挨

珍珠掺着绿豆卖——一样价钱也抱屈

手里捧着个刺猬——撂也撂不下，扔也扔不掉。

寿星老的脑袋——宝贝疙瘩

马杓子吊起来当锣打——穷得叮哩当啷响

抱元宝跳井——舍命不舍财

布袋里买猫——抓糊涂

耗子爬秤钩——自己称自己

空中的雁，水底的鱼——捞不着

除了运用以上的喻意歇后语，还运用了一个谐音歇后语，谐音歇后语的后一句话是借助某个字的读音相同来表达意思。

孔夫子搬家——尽是书（输）

（四）谚语

小说中所运用的谚语可以分为表述事理和经验的谚语、农业方面的谚语和气象方面的谚语，表述事理和经验的谚语有 30 个，占了绝大多数。

第一，表述事理和经验的谚语：

老天爷饿不死没眼的家雀；钱没有好来，就没有好花；话到舌尖留半句；人随王法草随风；人勤地不懒；好汉一言，快马一鞭；闭塞眼睛追麻雀；货比货得扔，人比人得死；天老爷不昧苦心人；脚正不怕鞋歪；人越丑越爱戴花；鲤鱼找鲤鱼，鲫鱼找鲫鱼；土帮土成墙，穷帮穷称王；出头的椽子先烂；人多出韩信；喝水不忘掘井人；好马不吃回头草；闻名不如见面；一朝天子一朝臣；无事一身轻；屯不露是好屯，家不露是好家；一个巴掌拍不响；太公八十遇文王；千闻不如一见；正锅配好灶，歪锅配蹩灶；不做亏心事，不怕鬼叫门；人靠衣服马靠鞍；老王卖瓜，自卖自夸；七十二行，庄稼为强；兔子多咱也驾不了辕。

第二，农业方面的谚语：

一籽下地，万籽归仓；牛套马，累死俩；不得夜草，马不肥；三春不赶一秋忙

第三，气象方面的谚语：

早看东南，晚看西北。

（五）俗语

小说中还运用了不少的乡间俗语，这些俗语具有浓厚的乡土气息，乡土味十足，很通俗直白，都是东北农民常用的口头语，分为单句型俗语和复句型俗语。单句型俗语由一个分句组成，复句型俗语由两个以上分句组成。

第一，单句型俗语。老母猪不翘脚。土埋半截。铁杓子碰锅沿。吃人家嘴软。肚皮贴着脊梁骨。人心隔肚皮。兔子也不拉屎。老天爷睁开了龙眼。脱靴走干道。不知铁锹有几个齿。一报还一报。二八月庄稼人。锅盖直往锅上贴。碎身八块。十指露缝。大水漫过二荒地。天打五雷轰。穷人长富心。破罐子破摔。锅盖长在锅沿上。心屈命不屈。脚踩两边船。生米做成了熟饭。打个兔子喂鹰。有钱莫买长脖子货。单句型俗语有的用来写人状物，比如“肚皮贴着脊梁骨”描写人特别瘦，“老母猪不翘脚”形容玉米苗长得矮；有的用来反映事理，比如“吃人家嘴软”“人心隔肚皮”。

第二，复句型俗语。

风吹不动，浪打不翻。桥是桥，路是路。一清二白。有仇的报仇，有冤的伸冤。丝挂丝，缕挂缕。吹胡子，瞪眼睛。脚不沾地，身不沾家。天上打雷雷对雷，夫妻干仗棰对棰。穷帮穷，富帮富。模范不模范，总得吃饱饭。遭罪在前，享福在后。干的捞不着，稀的有的喝。人呆不住，嘴闲不住。不看鱼情看水情，不看金面看佛面。牛去一毛，仓去一粟。好男不跟女斗，伸手不打笑脸人。嫁汉嫁汉，穿衣吃饭。里三层，外三层。上炕不拖鞋，必是袜子破。吃香的，喝辣的。水来土掩，匪来枪挡。跑了一条大鱼，捞了一网虾。对啥人，讲啥话。

上述的复句型俗语，前后两个分句对称匀整，有的还押韵，像“模范不模范，总得吃饱饭”“嫁汉嫁汉，穿衣吃饭”。这些俗语有的用来描写人，有的用来状物，还有的用来说明事理、传授经验，具有很好的语用效果，使小说语言更通俗化、乡土化、大众化。

这一部分首先描写了熟语的概貌，这些熟语以通用的熟语居多，少数是东北熟语，统计了熟语的数量和运用频次，分类列举了一些字面形式不一致的熟语，然后分为成语、惯用语、歇后语、谚语和俗语五个语类，分类进行列举和描写，以展示熟语的运用情况和运用面貌。

第四节　《暴风骤雨》中的东北方言词和熟语的运用研究

一、《暴风骤雨》中东北方言词运用的特色

（一）展现东北农村的景象

《暴风骤雨》所讲述的故事的发生地点是黑龙江省农村，它的创作灵来源于周立波在这块黑土地上参加土改时的所见所闻，在小说中他用地道的东北方言词为读者们展现了农村的景象。例如：七月里的一个清早，太阳刚出来，地里，苞米和高粱的确青的叶子上，抹上了金子的颜色。（第 1 页）例句是小说的开篇第一句，描写的是庄稼地的景象，地里种着苞米和高粱，它们的叶子上洒满了阳光。“苞米”是东北方言里用来指称玉米的词语，它是东北农村最常见的农作物，青色的苞米是农村夏天一道亮丽的风景线，作者运用表青色之义的“确青”一词来描述苞米叶的颜色，既直观又贴切，符合东北人的用词习惯。

小麦也都淹没在野草里，到处都是攀地龙和野苇子，在这密密层层的杂草里。上面例句通过两个方言词描绘了农村野草地的景象，作者写野草地里长满“攀地龙”，这个“攀地龙”是指附着在地面上的一种藤草，它在地面上横向地攀爬，接着写到了“跳猫子”在乱窜，“跳猫子”是当地人根据兔子的外形和动作特征，对兔子的生动形象的命名，这两个方言词都带有动感，它们的运用使读者感受到了一个有生命力的野草地的画面。

只有这里、那里，一疙疸一疙疸没有成熟的“大瞎”的缨子，还是通红的。（第 175 页）在这句中，作者运用两个方言词为读者展现了初秋时一块苞米地的景象，这里苞米的收成不算好，他娴熟地运用“大瞎”来代称苞米粒未长满的苞米棒子。“大瞎”在东北话中的同义词是“瞎苞米”。“疙疸”相当于普通话的量词“团”，作者连用数量词“一疙疸”来描述通红的苞米缨子，为我们展现了苞米缨子聚成团状的景象。

（二）展现东北农村的劳动和生活

周立波凭借在农村工作和生活的亲身经历，在小说中运用了一些贴近实际的、质朴的东北方言词来真实地展现农村的劳动和生活。例如：又是放秋垅，拿大草，割麦子，堆垛子，夹障子，脱坯，拔炕，漫墙。（第 103 页）

例句展现了若干个农村日常的劳动项目，每个词语代表一个劳动项目，其中有五个方言词。“放秋垅”指代的是秋收后，用犁杖翻转土地，清理出农作物扎在土里的根部；

“拿大草”是指拔除庄稼地里的杂草；“夹障子”是指用芦苇或者树枝编篱笆；“拔炕”是指把火炕的表层拆开，掏走里面的炉灰；“漫墙”是指春节之前，用干净的黄土来刷屋里的土墙。妯娌俩一个在里屋，一个在外屋，一个躺下了，一个正在摆动摇车子。例句中写到一种生活用具“摇车子”，它是农村屋子里常见的木制的摇篮，它一般吊在火炕前方的横木上，供婴儿休息和娱乐。以前在农村经常看到这样的生活场景，妇女把婴儿放进摇车子里，一边哼着摇篮曲，一边轻轻摇动摇车子，哄婴儿入睡。

炕梢的炕琴上摞着好几床被子。她把信压在炕琴上的麻花被底下。例句中出现了“炕琴”一词，它是摆放在火炕上的一种家具，又叫炕柜、炕琴柜、被摞架，它是东北地区家家户户在日常生活中必备的物件，外地人在初次听说到炕琴时，都不约而同地误以为是某一种类的琴或者是摆放在炕上的琴，这就是他们对东北方言词和东北家具的不了解，犯了望文生义的错误，炕琴一般分为两层，上层存放被褥、衣物、枕头等，下层是抽屉，一般用来存放针线、剪子之类的小物件，炕琴的下面与火炕隔开，中间留有一定的空隙，由于火炕温度比较高，不能直接在上面存放东西，东北人习惯把这些日常能用到的被褥、针线等物件存放在炕琴中，既避免了高温烘烤，又方便随时拿取。

（三）反映东北农村的习俗

三十年前，我办事那天，老岳母非得要开锁猪不可。在例句中，作者写到了老孙头回忆当年结婚的时候，丈母娘向他要“开锁猪”，“开锁猪”一词是指用来敬奉“锁神”并用来打开“锁神柜”的猪，在过去的东北，送开锁猪是满族人结婚仪式中必可少的的一项习俗，满族人在女儿出生以后，通常是把女儿的姓名、生辰写在一块红布上，再把红布存放在屋子里的木质的“锁神柜”之中，“锁神柜”由他们信奉的“锁神”来看管，这样做是希望“锁神”能够保佑女儿顺利成长，成年后能嫁到一个好人家。在女儿出嫁的时候，要用开锁猪来答谢“锁神”并供他享用，感谢他对女儿从小到大的保佑。在开锁之前，有一个礼节，让开锁猪站在“锁神柜”的旁边，女儿和母亲一起向“锁神”下跪叩首，然后傧相往猪耳朵上浇酒，如果猪耳朵动一动，就是一个祥兆，预示着喜结连理的夫妻将来会有一个好的生活，如果猪耳朵不动弹，只晃动脑袋，预示着二人将来的生活不怎么好，用开锁猪的耳朵算完二人的命之后，就打开“锁神柜”，取出放在柜子里面的红布，由女儿保管好，带到男方家。开锁猪需要由男方送给女方家，至少送一只，最好能送两只，以求成双成对，女方家乐意见到“双猪双酒”，满族人同汉族人一样偏爱双数，在传统观念中，双数象征着圆满、吉祥、和美、好事成双。另外猪的体型越肥实越好，肥猪象征夫妻将来的生活会很殷实，也彰显着双方的脸面，肥猪好比是一份厚礼，代表男方家的财力和心意。在小说里，保媒的老孙头回忆起自己年轻结婚的时候，由于家里穷，只能送给女方家一只“壳囊”，东北方言中的“壳囊”就是指未长大的小猪，这只小猪被丈母娘挑礼、嫌弃，丈母娘一气之下把媒人赶跑，从自家猪圈里挑出一只大肥猪用于开锁，供奉“锁神”。

保媒的叫她一骂，夹着尾巴就跑了，下马席也没吃成（第458页）例句中，作者运用了“下马席”一词，吃“下马席”是满族传统婚礼的一个习俗，一个必要的环节，在婚礼当天，新娘离开娘家，出门乘坐一辆崭新的马车，随同骑着高头大马的新郎和迎亲队伍来到婆家后，婆家会准备好酒好饭招待新娘、媒人和娘家人，席间人们会互相敬酒志喜，这个喜庆的宴席就叫作“下马席”。

（四）反映东北地域文化

第一，含有“炕”字的方言词反映火炕文化

“拔炕”一词在《暴风骤雨》中出现了5次，目前有两种解释，一种是原著25页下面的注释，注拔炕可能是盘炕的转音，拔炕和盘炕是同义的，另一种解释是来自王明仁的《暴风骤雨注释中值得商榷的一些问题》一文，他通过考察、比对小说中出现拔炕一词的多个句子，认为原著的注释是不正确的，拔炕不是盘炕，其意义应该是指扒炕，即农民在每年秋收之后，要把火炕的炕面子拆开，把炕洞子里面累积的炉灰掏走，重新更换炕面子的土坯，笔者赞同王明仁对“拔炕”的注释。秋收之后，农民开始拔炕，把炕洞子里面的炉灰渣子掏干净，疏通炕洞子，使炕洞子不堵塞，这样做是为了冬天的火炕更好烧，不会冒烟呛人，炕面的温度更高，炕更热，在寒冬时节躺在热炕上对东北人来说是一种再好不过的享受了，东北地区流行一句熟语“老婆孩子热炕头”，这句熟语表现了人们向往家庭美满的思想观念，反映了人们期盼温暖舒适、不挨冷受冻的生活的心理，热炕头带给人们身心的温暖，带来的是一种安全感、舒适感和幸福感。“盘炕”在《暴风骤雨》中出现了3次，它又叫搭炕，即搭建一个新炕，火炕是东北人寒冬里必不可少的居住、取暖避寒的工具，东北农村人都相当重视盘炕，东北老年人常说“家暖一盘炕”，可见盘一个好炕可以使人们没有后顾之忧、安心惬意地过冬。盘炕是一项技艺，一户人家要想盘一个不冒烟、好烧、炕面热乎、平整的称心如意的火炕，需要专门去请当地的盘炕师傅，盘炕师傅以盘炕为职业，他们的技艺往往是祖传的，他们在当地很受人尊敬，通常被尊称为“炕神仙”，需要盘炕的人家通常要预备好酒、好饭、好菜，招待好这位“炕神仙”，在正式开始盘炕之前，这户人家要燃放炮竹，以求盘炕的过程都顺顺利利的，期盼一个好炕的出现，炕盘好之后，这户人家要请盘炕师傅、帮忙的人以及邻居吃一顿答谢宴，大家在一起高高兴兴的，有说有笑，吃饭之前还要放炮竹，庆祝完成了盘炕，祈求炕好烧，渴望温暖的日子如期而至，还会上香，祈求炕神的保佑，保佑炕能好烧、不犯毛病、全家人能睡到一个热炕，期盼以后的日子能够红红火火、安安稳稳。

“上炕”一词在全文中出现了 8 次，《暴风骤雨》中的萧队长就经常被村民们邀请到炕头坐着，炕头就是炕靠近锅台的地方，它的温度要比炕稍高，坐在上面会更温暖。“上炕”是东北农村人在日常生活中常用的动词，有人来串门做客的时候，主人常热情地说：“上炕啊！”客人听了后往往脱鞋上炕并盘腿而坐，请人上炕在东北是一种待客的礼节，一句大方的邀请使客人有一种宾至如归的感觉，是东北人热情好客、豪爽大方的性格的写照。

第二，跳大神、跳二神反映萨满文化

在《暴风骤雨》的第 20 页，周立波运用“跳大神”一词描写了一个情节，即“唐抓子老婆闹病时，请跳大神的，给黄皮子磕头”。的确像周立波所描述的那样，在旧社会的东北农村，请跳大神的巫师来给人看病是常见的现象，跳大神曾经是东北黑土地上一项流行的民俗活动，中华人民共和国成立后，无神论的意识形态占据了主流，随着崇尚科学精神的传播，跳大神这项活动逐渐淡出了历史舞台。跳大神通常是两个人来进行的，两个人分别叫作大神和二神，大神通过摇头、摇铃、念咒语、唱跳等方式来感召神灵的出现，并使神灵附着于其身体之上，助神灵的力量祛除疾病、消除灾祸、除妖驱鬼，二神是大神的助手，多在一旁敲鼓配合大神，协助大神“请神”成功。“跳二神”一词在《暴风骤雨》亦出现过，在描写元茂屯子的小混混“李毛驴”李发的不务正业时，作者写道“逛道儿、喝大酒、看小牌，跳二神，都有他的份”。

跳大神的出现和盛行与东北地区具有悠久历史的萨满宗教密不可分，“萨满教”是生长在东北的少数民族诸如满族、赫哲族、锡伯族、鄂温克族等民族所信仰的古老宗教，其中以满族的萨满教最具代表性，它的仪轨庄重正式、信众众多、规模庞大，它是满族人维系民族团结、增强民族凝聚力的精神纽带。跳大神的别称是“萨满舞”，它是萨满文化的表现形式，是萨满文化的载体，《辞海》注释“萨满”系通古斯语的音译，本义是指“因为兴奋而狂舞的人”，后经过引申，指萨满教的巫师。萨满被人们视为和神灵交流沟通的中间人，他通过癫狂地跳萨满舞、唱诵祭词等方式来召唤神灵附体，传达神灵的话语和意志，施展神灵的力量，为求神的人们治病、除灾、驱鬼、保佑平安等等。

（五）展现时代特色

词汇是语言中反映社会发展变化最敏感的要素，一些词语会随着一个时代的到来而出现、流行，它们会反映时代的特征，记录时代的面貌。《暴风骤雨》中的一些东北方言词带有时代的印记，具有鲜明的时代色彩，展现了那个土地改革时代的特色。

例如，他寻思民信屯的人敢来扫堂子，不定咱们屯子干错了事了。（第 334 页）咱们要赶紧分浮分地，准备春耕，要不价，雪一化，就不赶趟了。（第 366 页）她又告诉他，郭主任叫他们都别信谣言，不会掐尖的。（第 440 页）“扫堂子”是一个村子里的贫农组织起来，到另一个村子去扫除封建势力，“分浮”是贫农们分地主或者富农的动产，比如分牲口、粮食、农具等，分浮与分田地相对应，田地是不动产。“掐尖”是贫农们斗争比较富裕的中农。这三个方言词都是土地改革时代里特定的词语，是时代的产物，作者在小说中运用它们展现了那个时代的斗争火热、扫除封建的特色。小说中还有一些武器类的方言词，都具有鲜明的时代色彩。“匣枪”是驳壳枪，解放军战士常用的手枪；“扎枪”是当年东北人对铁枪的称呼，属于冷兵器；“老母猪炮”是东北人对一种笨重的土炮的生动形象的称呼，这些词语都展现了以战斗为主的、闹革命的时代特色。

二、《暴风骤雨》中东北方言词的运用功效

（一）刻画人物形象

周立波在小说中善于运用一些有特色的东北方言词来描写人物，尤其是运用带有贬义色彩的词语来描写反面人物，使人物形象生动、鲜明。例如，唠嗑会上，杨老疙疸随帮唱影，也说了一些韩老六的罪恶，那时也真有点怀恨他，现在都忘了。（第 147 页）

“随帮唱影”指随声附和，追随别人，应和别人的话。杨老疙疸在工作队组织的唠嗑会上，听见别人诉说地主韩老六的罪恶，他也跟着说，这个词语既生动又贴切，刻画出一个跟风、随大流的投机分子的形象。他外号叫杜善人，顶会糊弄穷人呐。（第 231 页）“糊弄”是蒙骗的意思，身为地主的杜善人是屯子里最会蒙骗穷人的，让穷人误以为他很好，其实在背地里使坏，“糊弄”一词是对杜善人的讽刺和揭露，刻画了一个伪善、狡猾、虚伪的形象。张富英相好的破鞋烂袜，天天上农会。（第 267 页）“破鞋烂袜”指生活作风不正、乱搞男女关系的女人，是人们对这类女人的讽刺性称呼，在小说中是指和坏分子张富英乱搞的小糜子，作者恰当地运用该词来形容她的面目。

另外，作者也运用带有褒义色彩的方言词刻画正面人物的形象。例如，刘德山是个能干的人，扶犁、点籽、夹障子、码麦子，凡是庄稼地里事，都是利落手。（第 41 页）

“利落手”是指干活麻利、敏捷、干得好的人，这个词语是称赞中农刘德山干农活麻利，擅长每一项农活，为我们刻画了一个勤劳、能干的中农形象。

（二）使小说具有浓郁的东北方言韵味

周立波在《暴风骤雨》中熟练地运用了多达 457 个东北方言词，这些大批量的方言词在小说中分布得很广泛，从开篇到结尾，通篇都有分布，还有一些方言词更是高频地出现，让读者感受到浓郁的东北方言韵味，置身于东北方言的语言环境之中。例如，作

者在开篇第一自然段中曾写道：

地里，苞米和高粱的确青的叶子上，抹上了金子的颜色。豆叶和西曼谷上的露水，好像无数银珠似的晃眼睛。道旁屯落里，做早饭的淡青色的柴烟，正从土黄屋顶上高高地飘起。一群群牛马，从屯子里出来，往草甸子走去。一个戴尖顶草帽的牛倌，骑在一匹儿马的光背上。（第 3 页）

在这段话中，作者连续运用了六个东北方言词“苞米”“确青”“西蔓谷”“屯落”“草甸子”“儿马”，为读者呈现了东北农村的自然风光，散发着浓浓的东北方言韵味，把读者引入到东北方言色彩浓厚的语境中。

又如：

大河套里有好多好多的鱼，老初家的鱼帘子给人起去了。老刘家用丝挂子挂一筐鱼：有黄骨子、鲫瓜子、还有狗鱼呢。（第 37 页）在这里，作者接连运用了五个东北方言词“鱼帘子”“丝挂子”“黄骨子”“鲫瓜子”“狗鱼”，为读者描述了东北农民捕鱼时的画面，使这段文字的东北方言韵味十足。

作者贯穿全篇频繁地、重复地运用了一些东北方言词，使小说的方言韵味浓郁，方言氛围浓厚，比如动词“唠嗑”“吱声”，它们分别被运用了 25 次和 28 次，是小说中的高频词，它们作为东北人在日常生活中常用的表示言语动作的动词，高频地出现在文中，能使读者切身地体验到浓郁的东北方言韵味。

（三）、使小说充满浓厚的乡土气息

王希杰在《汉语修辞学》中认为：“方言成分的适当采用，可增添作品的地方特色和乡土气息。”周立波是现代文坛上的一位乡土作家，《暴风骤雨》是他在写作生涯中创作的首部乡土小说，他在小说中恰当地运用了东北方言词，使小说字里行间透露出浓厚的乡土味，让读者真切地感受到扑面而来的乡土气息。

例如，作者运用了“黄土包子”“月牙地”“二荒地”“条通”等指代不同类型土地的词语，这些词语在当地农民群体中都很流行，在语义类别上属于土地类词汇，它们是原汁原味的乡土词汇，散发出乡土气息，如果作者不采用这些东北方言词，而采用标准语，用“黄土堆”“形似新月的地”“种过之后又荒废了的地”“灌木丛生的土地”来指代不同类型的土地，那么这些运用标准语来表述的词语就不会散发出浓厚的乡土气息。

再如作者在行文中指称动物的时候，运用了“跳猫”“黑瞎子”“山神爷”、“黄皮子”等东北方言中的动物类词语，它们都是农村的乡间土语，比起对应的标准语“兔子”“黑熊”“老虎”“黄鼠狼”具有浓厚的乡土味，它们会为小说增添了浓厚的乡土气息。

三、影响周立波运用东北方言词的因素

（一）文艺路线

周立波不仅是一位杰出的作家，在政治上，他还是一位共产党员、一位共产主义战士，他积极遵循和执行党的文艺路线。1942 年 5 月，毛泽东在延安文艺座谈会上发表了重要讲话，确立了党的文艺路线，即文艺创作要为工农兵服务，在讲话中，毛泽东鲜明地指出许多文艺工作者不熟悉人民的语言，作品语言显得无味，要想和工农兵大众的思想感情打成一片，就应当学习群众的语言。周立波应邀参加这场具有重大意义的文艺座谈会，虚心地聆听和学习了毛泽东的讲话，他深受触动，创作观念随之转变，开始和人民群众打成一片，开始学习人民群众的语言，并且尝试用他们的语言进行创作，他 1946 年来到黑龙江后，开始学习东北人民的方言土语，尝试用东北方言创作小说。

（二）亲身经历

1946 年周立波跟随共产党工作队来到黑龙省的元宝村参加为期半年的土改工作，在这期间，他与当地农民真诚交心、同吃同住，同他们交谈，亲自感受东北方言，在浓厚的方言氛围的影响和感染下，身为湖南人的他努力地向农民学会了很多原汁原味的东北方言词，他曾说东北语言还是由农民完整地保存着，打算用东北农民的语言来创作《暴风骤雨》。可以说，没有这段亲自下乡的经历，没有对东北方言最真实的感受和学习，没有在东北方言语境下长时间的熏陶，没有亲身的语言实践，他就不可能会运用众多的东北方言词来创作小说。

四、《暴风骤雨》中的熟语运用功效

（一）刻画人物形象

《暴风骤雨》中的地主韩老六是共产党派来的工作队领导农民斗争的主要对象，作者运用了一些熟语来描写他，如在写到进步农民赵玉林带领一群贫苦的农民去韩家大院抓捕韩老六时，在半路上，赵玉林撞见了韩老六，二人狭路相逢，针锋相对，作恶多端的韩老六故作镇定，说自己一生没有过错，自己是“脚正不怕鞋歪”，一句带有褒义色彩的熟语“脚正不怕鞋歪”竟然出自反面人物之口，这反衬出了韩老六的虚伪、狡诈、假装无辜的形象。后来，当工作队的小王同志听赵玉林谈起抓捕韩老六的情景时，韩老六为自己辩解，自称“脚正不怕鞋歪”，小王同志哈哈大笑，跟赵玉林说“韩老六真是人越丑越爱戴花”，这句“人越丑越爱戴花”生动、形象，小王同志用一句人尽皆知的

熟语讽刺了虚伪的韩老六，识破了他的本来面目，描绘出一个善于文过饰非、大言不惭地为自己正名的韩老六。在写到共产党的工作队即将来到元茂屯领导土地改革，准备带领农民斗争地主、分田地时，地主韩老六事先得知了这个消息，但他并不害怕分房子分土地，他自认为韩家的土地是“风吹不动，浪打不翻”的、谁也动不了的。一句“风吹不动，浪打不翻”体现了他的顽固不化、不识形势、狂妄自大和气焰嚣张。韩老六平生牢记在心的两句熟语是“话到舌尖留半句”“对啥人，说啥话”，这两句熟语反映了他是一个处世圆滑、有城府的人。

小说中有一些熟语出自老孙头之口，老孙头是屯子里赶了几十年马车的穷苦农民，年逾六旬，他在旧社会经历了不少苦难，如他在跟工作队的萧队长聊天时，回忆起自己当年被日本鬼子强行抓去当劳工的经历，说自己差点儿饿死，饿的是“肚皮贴着脊梁骨”，这句熟语展现了他当年忍饥挨饿、有着悲惨遭遇、受尽苦难的可怜形象。老孙头的社会经验很丰富，有生活阅历，小说里写到了这样一个情节，日本侵略者战败投降以后，日本开拓团在他们屯子里遗留下马匹、枪支，其他户屯民纷纷去捡洋捞，唯独老孙头没有去，他没有贪眼前的便宜，当他被老伴埋怨跟他一起受穷时，他用了一句熟语“钱没有好来，就没有好花”来开导和安慰老伴，后来的事实证明老孙头的远见，屯民们捡的这些洋捞都被地主韩老六强行收走霸占了，不上交的屯民被韩老六暴打。老孙头深信“钱没有好来，就没有好花”，这体现了他有着丰富的社会经验和阅历，不为眼前一时之利所动。他不仅擅长驾车，对农活也很熟悉，有着丰富的农活经验，从他所引用的熟语就能看出来，当他向工作队的同志介绍屯子里的秋收情况时，他说道：“我们农民，一年里的秋天，是最不得闲的，三春不赶一秋忙”，“三春不赶一秋忙”正是对农村秋收忙碌场景的准确描写。老孙头风趣幽默的性格从他所说的熟语能体现出来，小说开篇写他驾着马车拉着工作队的同志向屯子里驶去，在路过屯子的玉米地时，他用了一句俏皮的“老母猪不翘脚”来形容田地里的玉米苗长得矮，老母猪不用翘脚就能吃到，这句农村熟语生动形象、幽默，让人忍俊不禁。

《暴风骤雨》中用熟语来描写人物形象的例子还有很多，在农会的赵主任身先士卒，为元茂屯抗击土匪而壮烈牺牲时，屯子里的乡亲们评价他的一生是“遭罪在前，享福在后”。在投机分子杨老疙疸被地主韩老六拉拢收买之后，在酒桌上被韩老六灌得酩酊大醉，作者用“不知铁锹有几个齿”来形容他丑陋的醉态。在十多岁的小猪倌被韩老六暴打一顿后，奄奄一息，八路军的大夫为小猪倌的伤口涂上金疮药并悉心照料，小猪倌的伤口慢慢痊愈了，老百姓称赞八路军的大夫“赛华佗”，夸奖其医术高明，救死扶伤。再比如，杜家的童养媳刘桂兰在不堪忍受杜家老婆子对她的精神和肉体的折磨之后，出走到白大嫂子家，刘桂兰在向白大嫂子倾诉时，用“皮笑肉不笑”来形容杜家老婆子心怀恶意、阴险狡诈。

（二）反映人物的思想观念

《暴风骤雨》中一些熟语的使用可以反映、展现出那个年代人们的思想观念，如农会的赵玉林主任用其信奉的熟语“土帮土成墙，穷帮穷成王”给农民兄弟们打气、鼓劲，号召大家相互帮助，紧紧地团结在一起，在那个土地革命的年代，团结在一起，万众一心，去斗倒地主是贫苦农民们普遍所持有的观念，小说中出现的含有类似观念的熟语还有“穷帮穷，富帮富”。再如，农民出身的赵主任在跟工作队的小王同志谈到种地的经验时，说道：“人勤地不懒，这话真不假”，他很赞同“人勤地不懒”这句熟语，而且有着亲身体验，农民只要勤于劳动，辛勤耕耘，庄稼地就会获得丰收。小说中写到屯子里的一些妇女参加进步女青年刘桂兰的婚礼，在聊天时有的妇女提到了“嫁汉嫁汉，穿衣吃饭”这句乡间的熟语，婆家只要提供给衣食，就逆来顺受，这反映了旧社会的一些农村妇女存有过于依赖丈夫，缺少独立性的婚恋观。又如身为农会干部的白玉山为了以身作则，树立典范，用刚刚从地主家分来的一块近地去跟其他的贫苦农民的一块远地对换，白大嫂子得知以后，十分不理解她的丈夫，埋怨地说“模范不模范，总得吃饱饭”，言为心声，土地是农民的命根子，农民靠种地饱腹，一块近地是家中的宝，白大嫂子认为吃饱饭是首要的，当个模范倒是次要的，这句熟语反映出了农民们特别重视土地，以解决温饱为先的思想观念。

（三）使小说语言更通俗生动

在写《暴风骤雨》之前，身为党员作家的周立波已经自觉地将创作观念与 1942 年党在文艺界大力倡导的“文艺为工农兵服务”的路线保持一致，他曾这样表达他的创作观念，“一个作者使用的语言，首先要读起来叫人听得懂，还要准确、鲜明、简练、生动”。那个年代工农兵的文化水平普遍都很低，阳春白雪不适合他们，作家在作品中尽力运用通俗的语言才会让他们读得懂，更易于理解。周立波运用熟语的功效之一就是使小说中的语言更通俗，比如在描写进步妇女白大嫂子带领一帮进步女青年对地主家的儿媳妇搜身时，地主家的儿媳妇拼命找借口拒绝，白大嫂子通过说“上炕不拖鞋，必是袜子破”来揭露地主家儿媳妇藏有猫腻，作者运用的这个熟语很通俗易懂，读者一读便知其含义，它是当时农村里挺直白的土话，很符合没念过书的白大嫂子的身份。再如，在形容村子里不务正业的李毛驴自暴自弃、自轻自贱时，作者恰当地运用了熟语“破罐子破摔”来描写他，读者通过这个浅显通俗的熟语，脑海中便可浮现出他的形象。恰当而大量地运用熟语还会使小说语言更加生动，语言越生动越能增强表现力，越容易吸引读者，如周立波运用“天上打雷雷对雷，夫妻干仗棰对棰”生动地描绘了白大哥和白大嫂子争吵打架的火爆场面；又如运用“马杓子吊起来当锣打，穷得叮哩当啷响”生动地展现了元茂屯的老孙头和赵玉林在旧社会穷困潦倒的样子。

本部分以周立波的长篇小说《暴风骤雨》中的东北方言词和熟语为研究对象，从词类和语义类别两方面考察了东北方言词在小说中的分布和运用情况，了解用词情况和用词面貌。东北方言词共有 11 个词类，名词、动词、形容词在数量上占据优势，位居前三位，共有 31 个语义类别，状态类、称谓类和生活用具类在数量上占据优势，位居前三位。统计了东北方言词的词频，从词频了解作者的用词偏好和用词习惯，按照频次的从多到少，分为四个区间，并划分为高频词、中频词和低频词，高频词有 19 个，中频词有 57 个，低频词有 382 个。依据李如龙先生的方言特征词理论界定和筛选出了 30 个东北方言一级特征词和 21 个二级特征词，这些方言特征词具有浓厚的东北方言韵味和东北地域特色。分析并列举了东北方言词的构词方式，大多数是合成词，极少数是单纯词，合成词中后加式和偏正式的词语居多，后加式以后缀“子”的形式居多，单纯词包括 3 个叠音词和 3 个音译的外来词。结合例句详细解释了 50 个东北方言词的词义，归纳并结合小说文本阐述了东北方言词的运用特色、运用功效和影响因素，考察和描写了熟语的概貌，大多数是通用的熟语，少数是东北地区的熟语，通用的熟语中有小部分在字面上有改动，统计了熟语的运用次数，有 21 个熟语运用了三次，37 个熟语运用了两次，有 72 个熟语运用了一次。列举了 5 类熟语，分别是成语、惯用语、歇后语、谚语、俗语，又将它们细分为各个小类，以此展示熟语的运用情况和运用面貌，这些熟语具有通俗化、乡土化和大众化的特点，最后结合小说文本归纳并阐述了熟语的运用功效。

第六章　东北地区各民族的语言发展

第一节　论语言接触视角下东北地区各民族的语言发展

东北地区汉语与少数民族的语言发展有着长期交融浸染，这种语言接触的外在表现是不同种族的语言使用者互相学习彼此的语言，特别是“弱势语言”的使用者以积极的语言态度来学习“强势语言”，扩大了语言的交际范围。内在表现则是使不同的语言之间形成既干扰，又促进，既补充，又竞争的状况，使语言的表达功能和社会功能产生变异，出现了语言兼用和语言转用的现象。

东北地区生活着汉族、蒙古族、回族、满族、锡伯族、达斡尔族、鄂伦春、鄂温克、朝鲜族等民族，其中汉族人口占绝大多数，他们广泛使用最接近普通话的汉语方言（以东北方言为主）。少数民族的语言以阿尔泰语系为主，分属满 - 通古斯语族、突厥语族、蒙古语族等不同语族和不同的语支。

一、东北地区民族语言的传承使用情况

清朝长期使用的满语属于满 - 通古斯语族的满语支，有自己的文字，满文创立于公元 16 世纪，有“老满文”和“新满文”之分。不仅文献资料和档案资料是用满文编著，很多文学作品也都有满语版本，只是保存下来的只有很小的一部分。在朝鲜、日本还保留有很多用满文编写的教科书，这些满语资料都成了非常珍贵的文化遗产。今天绝大多数满族人已经不会满语了，会用满文写作的人也越来越少。居住在岫岩、凤城、青龙等满族自治县的满族人也大多不会使用满语，只有黑龙江省齐齐哈尔市富裕县友谊乡三家子村和黑河地区的个别老人会说满语，一些学者专注满族的文字，能够识别满语词汇，还有散居于各地的驻防旗人后裔运用一些掺杂着当地语音的东北方言，属于独特的“方言岛屿”。

鄂温克族和鄂伦春族的语言属满 - 通古斯语族的鄂温克语支，分陈巴尔虎、海拉尔、敖鲁古雅三种方言。没有自己的文字，牧区一般用蒙文，农区和林区通用汉文。赫哲族

使用的赫哲语，属满 - 通古斯语族的赫哲语支，也没有自己的文字，通用汉语文。

达斡尔族和蒙古族使用的是蒙古语，属于蒙古语族的蒙古语支，有蒙古语文字。蒙语在东北地区的使用不及西北地区，在西北牧区的蒙古族内部交流还绝大多数用蒙语，而在东北，如黑龙江大庆杜尔伯特蒙古族自治县、肇源县、肇州县，齐齐哈尔的泰来县、富裕县等蒙古族的主要聚居地，也以使用汉语和汉文为主。

柯尔克孜语属于突厥语族 - 柯尔克孜克普恰克语支，有本民族的文字。后因同达斡尔、蒙古族杂居相处，本族语言日渐衰退，改用了蒙古语。

回族使用的是波斯语和阿拉伯语，属内闪含语系 - 闪米特语族，有回文，但是也因与汉语人的密切接触，通用汉语。

我国境内的朝鲜族主要居住在东北，语言归属的语系尚有争议，但基本认为归属阿尔泰语系，有朝鲜文字。19 世纪之前，朝鲜族文字借鉴了汉字的写法，线条和笔画类似于汉字。后期逐渐减少和废除了汉字在朝鲜语中的使用，二战后改用朝鲜文字母拼写。

上述这些少数民族的语言几乎同属语言谱系下的一个语系，有很近的亲缘关系。汉语则属于汉藏语系，同其它少数民族的语言相差甚远，但是由于密切频繁的接触，两种不同语系的语言之间互动借鉴，在语言使用过程中既保留自己本民族语言结构和功能，又吸收其它民族语言要素提高本民族语言的交际功能，少数民族语言使用者一般都有积极地向汉语靠拢和接纳认可的语言态度倾向。

二、东北地区民族语言接触对语言三要素的影响

（一）语音系统受到干扰

语音是语言的物质外壳，因而在语言接触的过程中也最容易受到影响，具体表现为音素的增加或减少、音节结构的变化以及音变现象的产生，东北少数民族语言的语音，对东北汉语的语音系统形成了一定的干扰。

满语具有阿尔泰语系的语音特点，辅音发音靠后，元音偏低偏后。满语的这种发音特点，先是影响了北京城内的“满式汉语”，然后逐渐扩大到东北各地，使得东北汉语的有些音发得靠后。如汉语的“末了”的“了”，辅音“L”这个边音本来舌位居中，受满语影响往往发成了舌尖后边音。再如北京话“一、二、三、四”中“二”的读音，不是发成“而、耳”等字音的第四声，而是发成了央次低元音的卷舌音节第四声。也有学者指出，北京话里，儿化现象居多的原因，与满语语言的影响和遗留关系重大。满语语音对汉语的这些影响，看似是表层影响，但我们也可以从语言最深层的影响去寻找音变规律，揭示东北少数民族语言，主要是满汉两种语言接触的本质。

另外，满语语音受汉语语音的影响也发生了一些变化，例如满语很多鼻音的减少。满语的 ga、ge、gi,、go、gu 在 ng 之后，发鼻音，读做 nga、nge、ngi、ngo、ngu 等等。这些鼻音在汉语里没有相应的字可替代，只好勉强以“阿”代替 nga，以“额”代替 nge，以“伊”代替 ngi，以“武”代替 ngu 等。例如，清代满人名“穆彰阿”，满语音为 mujangga，最后音素 ga 受前面后鼻音 ng 的影响，本应发成鼻音，却只好用“阿”替代，没有鼻音色彩了。类似这样的用汉字给满语人名注音，使满语很多鼻音消失了。

（二）词汇方面互有借用

词汇标志着人们对客观世界认识的广度和深度，也反映着语言的发展状况。词汇的借用是不同民族间社会经济文化交流在语言上的必然体现。

一方面，东北地区汉语与少数民族语言在接触过程中，汉语从满语、蒙古语、锡伯族语、鄂温克等民族语言中都吸收和借鉴过一些词汇，有的还具有十分丰富而独特的表现力。例如，借自满语的北方方言“邋遢”，是不整洁、不利落的意思；“戈楞”指人脾气怪或不合群；“撇拉”器物口向外张；“牡丹江”满语音为牡丹乌拉，在满语中的意思是“弯曲”。“嗯哪”，作为表示肯定、允诺、赞同等意义；“饽饽”在满语中是干粮的意思，泛指面粉或杂粮做的块状食物。借自蒙古语的如“把式”，指精通某种技术的人；“老嘎达”排行最小的孩子。借自锡伯语的如“卡伦湖”为边防哨卡之意，“察布查尔”为粮仓之意。借自朝鲜语的如“唧个啷”，是争辩、吵嘴的意思；“阿爸吉”，“阿爸依”分别是“爸爸”和“老爷爷”的意思。还有借自赫哲语的“克牙气克”是滑雪板的意思，“额真”是首领的意思，“地窨子”是赫哲人在寒冷的冬季居住的地方。借自鄂温克的“撮罗子”是简陋的帐篷之意，“阿萨”是指用桦树皮做成的碗。

另一方面，少数民族语言中也借用了大量的汉语词汇。蒙语从汉语中借用了大量的词汇，这主要是因为在交际中，蒙古语缺少与汉语相应的对等词，所以蒙古语使用者就借用一些新词新语来弥补蒙古语对等词的空缺。例如，deng(灯)、yas(鸭子)、shatang(砂糖)、ban-deng(板凳)，这些借词就是将汉语直接音译过来的，成为蒙古语词汇的一部分。

满族除了渔猎方面的文化知识技能之外，其它知识领域都在不断地向汉族人进行学习，体现在词汇方面也如此。满语只有渔猎方面的词汇比较丰富，在其余领域都存在着借汉语中的词汇来表情达意的情况。例如，“章京”是借自汉语中的“将军”，“福晋”(fujin)是借自汉语中的“夫人”(在汉语中分别为 35、51 的调值，满语借来后分别变成低平 22 和高平调 55)。借来的词只有很小一部分的发音完全按照汉语的读音，没有产生音节的音变。这类借词大多是表示职官和衙署的名称以及地名、专有名词、常用量词等。多数是按照满语的特点和发音习惯对汉语的读音进行了改造，这样利于满族人的快速理解和接受。主要方法有两种：一是在汉语词的基础上增加一些音节，如 xiyan(县)，汉语的读音写法是 xian，满语在 i 的后面加上半元音 y[j]，将汉语的一个音节分成了 xi 和 yan 两个音节，符合满语的音节特点；再如 tanggin(堂)，在“堂”字后加上 gin，构成了 tanggin ；fafun(法)，在“法”字后加上 fun，构成了 fafun。二是按满语的音韵改变汉语词原来的读音。如 boso 布，汉语 bu 读成 bo，加上音节 so，成为满语的 boso ；bangguhe 八哥，汉语的 bage 读成 bangu，再加上音节 he，成为满语的 bangguhe。

（三）语法结构规则有所改变

语法是语言系统中最为稳固的要素，但是也不是一成不变的，在语言接触过程中，也会产生一些变化。汉语属于汉藏语系语言，在语法上是孤立型语法，而东北少数民族所属的阿尔泰语系的诸语言在语法上是属于粘着型的。所以东北少数民族语言与汉语在语法上的差异是很大的。但是二者的接触，使得少数民族语言中的某些语法手段渗透到汉语中，改变了汉语语法体系原有的结构规则。

例如，在东北方言中，可以见到“……有吗？”这种句式，“你电影票有吗？”“你现代汉语书有吗？”等类似的句子在口语中不乏其例。按照普通话，应该是“有……吗？”，“你有电影票吗？”“你有现代汉语书吗？”这种“……有吗？”的句式显然是受到了满语的影响。阿尔泰语系的语言，语法上语序结构是 SOV，即主语 + 宾语 + 谓语，而我们则是 SVO，主语 + 谓语 + 宾语这样的语序结构特点。还有“……的上头”这种在东北方言中常见的句式，也来自满语格式，相当于普通话“在……方面”“在……时候”，如“在处理这件事的上头，你有什么意见？”这样的句子在东北方言中可见一斑。

三、语言接触引发的表达功能互补及社会功能的转换

（一）表达功能的互补

体现在词汇的相互借用，从而不断地丰富自己民族的语言，增强语言的表现力。东北汉族和少数民族人口的杂居和流动，加之良好的语言政策，使得东北地区各族人民之间养成了良好的语言学习态度，各族之间都希望通过学习其他民族的语言，特别是学习汉语来获取民族自身的发展，因此东北少数民族语言中都有借自汉语的成分。同时，汉语中也有表现力不如少数民族语言的地方，也从少数民族语言中吸取营养，以此丰富汉语的表达能力。这样，东北少数民族和汉族的语言接触，使各族的语言在表达功能方面，不断增强、彼此借鉴、互相补充。

不同的语言接触还可以引发语言运用的社会功能的改变。“弱势语言”的使用范围

逐渐缩小，功能降低，“强势语言”的通行范围不断扩大，功能增强。相对于汉语来说，东北少数民族的语言属于“弱势语言”，在语言接触中，社会功能逐步缩小，从而出现了与汉语兼用、代用或转用汉语等语言现象。

（二）语言由蒙古语、满语为主到满汉兼用

历史上，因为东北是少数民族主要的聚居地区，所以东北地区以少数民族语言为主。主要通行语在元明时期以蒙古语为主，到了清朝，随着皇太极的入关占领北京，满族势力不断强大，官员到各地交流巡视，商人到各地经商做买卖都使用满语，尤其是满族统治阶级在各地兴办“义学”，开设了以学习满语为主要目的的各种学校，满语成了东北乃至全国的通用语言。其它各少数民族也都在学习满语，本民族内部用母语，交际的场合则说满语。后来由于历史原因，随着汉族移民大量涌入东北，改变了汉族与少数民族人口的数量比例，汉族人与满族、蒙古族、赫哲族、达斡尔等少数民族杂居相处。在不同区域，无论是大中城市，还是偏远的山区；在不同层面，无论是经商还是做官，无论是老人还是小孩，汉语与少数民族语言的接触日渐广泛，汉语的优势逐渐显示出来，满语的影响力逐渐减弱。到了清朝中后期，满语汉语影响力旗鼓相当，此时东北地区出现了满语与汉语兼用共存的语言现象。

（三）语言由满汉兼用转为汉语为主

语言社会功能的变异还指语言的转用，即一种语言的使用人数和使用范围不断缩小，语言使用的功能逐渐衰退，对语言自身发展带来了阻碍，转而使用其它民族语言。

满语、汉语在东北地区的使用，在经历了漫长的历史变迁演化之后，由最初的满语为主要交际和通行语言，到清朝中后期，满语和汉语的使用情况旗鼓相当，社会交往中存在着两种语言兼用的现象，随着汉族人口的不断增多，汉语优势地位的增强，以及满族势力的衰退，清末民初，大部分满族人开始放弃使用母语，进而主动使用汉语。在清末民初时期，汉语在东北逐渐由被动从属地位转化为主导地位，成为东北地区的通用语言。满族和其他少数民族在交际时都转用了汉语。

四、语言接触引发的东北地区民族语言生活发展趋向

在东北地区各民族的交往中，特别是少数民族城镇化的进程中，人们对语言的实际应用价值更加看重，对母语的感情有所下降。也就是人们在语言的选择和使用上，往往忽略了情感因素，而更看重语言的实用价值。这就使得少数民族语言使用者在语言态度上比较具有包容性，对具有广泛使用的语言，有利于进行交际的语言持主动的、积极的学习态度，特别是年轻人在教育子女方面，不仅仅局限于自己的母语，而是向双语或多

语的方向发展。概括起来，东北各少数民族的语言生活有以下三种发展趋势。

（一）母语使用人群近乎消失

东北少数民族语言中，只有吉林省延边朝鲜族自治区，朝鲜语的使用情况比较好，其它如赫哲族和城镇鄂伦春族、鄂温克、达斡尔等人口较少的民族中，母语使用者数量都极其有限。以赫哲族和鄂伦春族为例，根据第六次全国人口调查统计，赫哲族人口数为5354人，掌握一点和能听得懂赫哲语的约有几十人，能熟练掌握赫哲语的人已经为数很少了。全国包括能听得懂鄂伦春语的不到100人，在城镇基本不存在会鄂伦春语的人，在乡村，也屈指可数。而且使用这两种母语的人，多为七八十岁以上的老人，随着这些老人的生老病死，母语使用者的人数还会更少，面临着母语消失的濒危状态。

（二）双语和多语使用人群大幅减少

伴随着少数民族母语单语使用者的消失，相应地双语和多语使用的人群也在减少，而且由于社会环境的变化、汉族与少数民族人口接触的频繁和彼此的融合，以及人口的更新换代，这种双语和多语使用者减少的趋势会越来越严重。现在，一些少数民族的双语或多语的使用，主要是母语与汉语兼用，以汉语为首选使用，母语为辅助性的使用。再有就是鄂伦春、达斡尔等民族母语与蒙古语、汉语兼用。

（三）转用型语言使用者成为主导

在各少数民族中，随着母语使用者的日渐消失，必将导致双语使用者和多语使用者人数的锐减和消失，进而转用型语言使用者逐渐增多，无论是聚集生活在一起，还是分散到各地，少数民族语言使用者都逐渐转用汉语。转用型语言使用者的增多，将成为少数民族语言发展的总趋势。

少数民族的语言转为汉语，使得本民族母语使用现象近乎消失。但是我们还应该看到，目前在一些少数民族中，如鄂伦春、达斡尔等民族中，出现了学习本民族母语的热情。除了一些民族大学之外，还有很多大学的一些学者，出于保护和宣传濒危语言的目的，正在从事少数民族语言的学习和教学工作。采用田野调查等方式，寻找会使用母语的少数民族语言人，录制音频视频等音像资料，通过网络和微信视频多种方式进行教学，并借助歌舞等形式进行宣传和畅导学习少数民族语言。这些举措，对于保护濒危少数民族语言，能够起到一定的作用。我们也希望看到祖国境内的语言文化生活更加丰富多彩。

综上所述，东北少数民族语言是我国少数民族语言中重要的部分。由于历史原因和社会交际的需要，东北少数民族语言与汉语之间产生了长期的语言接触。在语言接触与互动中，彼此相互影响。不仅是使用人口多、文化水平高的汉语影响少数民族的语言，同时，由于满族等少数民族在历史上的统治地位，他们的民族语言在很大程度上也影响着汉语，对汉语的丰富和发展起着一定的作用。在语言接触过程中，不同民族的语言都会发生变化，产生相互补充和竞争的局面，从而使得语言的表达功能不断丰富，使语言的社会使用功能也产生了变异，由早期的少数民族语言为主，到少数民族与汉语兼用，再到少数民族语言转用成汉语。这一过程，体现了一定历史时期语言接触过程中，总是有一种政治地位较高、经济文化发达、使用人口多的语言，最终成为“强势语言”，相比之下，另一些语言成为“弱势语言”。我们研究的目的，不是为了消除“弱势语言”，而是理清少数民族语言转化为汉语的发展脉络，掌握东北少数民族语言生活发展趋向，为我国东北语言研究以及民族学和其它学科的研究，提供一些基础性的研究资料和研究思路。

第二节　东北方言的民族文化特点

作为东北少数民族重要特征的民族文化始终伴随着东北各少数民族的兴衰过程，经历无数次的融合和裂变，不断丰富自身的文化底蕴和内涵，在东北乃至全国各民族文化史上，都有着极其重要的地位和研究价值。

一、文化是语言生成和发展的重要条件

迄今为止，东北地区不断发现的古人类化石和旧石器文化遗址已经粗略地展现了东北地区旧器时代的远古人类的生精风貌。从东北地区已经出土的文化遗物和伴存的古生物化石看，町以初步地构画出远古人类在这一地区的生恬、生产状况：大约在五、六千以前，在广阔的东北原野上，奔跑着成群的猛犸象、披毛犀、野牛以及马、鹿、羊等。生活在这里的先民们群居在山野之中，依山畔水，以狩猎为主，捕鱼为辅，兼做一些原始农垦。这些猎取猛犸象、披毛犀的古代猎人，构成了东北地区原始民族的主流。东北地区旧石器时期多种文化遗址已清楚地表明了远古人类文化的存在，同时也暗示着远古人类语言的存在。因为语言的存在是人类生存的重要标志，是传统文化的承传和延续发展的明显前提。实际上，语言的起始阶段——可称之为语言发展进化的前语言阶段，早已出现在类人时期。而真正的语言是在类人时期的后一阶段形成的的，同时，这种原始语言形态必须有一种确实的原始文化相伴。语言始终是文化产生和发展的关键，文化的发展也促使语言变得更加丰富和细密。文化是以社会为生存环境，以经济为存在基础，以语言为发展和延续手段，远古时期的文化粗糙而叉直观，语言也仅仅是词汇有限、结构简单的口语。因此原始文化的一些要索在久远历史发展中变得神秘而又难以解读；但

是文化遗址出土的件件骨器，片片打制石器段伴存的古生物化石清晰地揭示 r 远古先民在这块土地上的艰苦生活和原始文化。东北旧石器时代晚期的石片文化和楔状石核文化代表着古人类的原始文化和种群特征；分布在不同区域的遗址则反映了古人类的种群分布和相互之间的文化联系；遗址石器的数量和器物的堆集量标志着氏旗的存在，以及其规模、形态、生活方式等等。他们的文化十分原始，且共性大于个性。这些事实说明族群的原始形态亦已出现，不同的古语群相应形式，也就是说，已出现了古代的原始语旗和语系。实际上，人类语言从一开始就根植于血缘氏族之中，并以该氏族 (母系氏族) 为其使用范围和发展基地。受经济方式，文化模式及地域分布的限制，初始的氏族所使用的口语是口音浓重、词汇有限、结构简单的地域性方言。以渔猎经济为基础，狩猎、采集文化为氛围所生成的东北远古人类语群中，血缘相近、地域相邻的氏族之间所使用的方言其同之处甚多，极易沟通和融混。这是形成更大语群和语系的基础。但与“农耕经济为主要生活方式的中原古人类所创造的语言相比较，相互之间的差异很大。从目前东北少数民族所使用的兴安岭—阿尔泰语言的一般特征中，也许能证明这些差异：长短元音基本对等，音长是构成元音音位。重要的区别性特征：粘着语构词特征十分明显，特别是表应示时空概念的词尾变化复杂而细腻；共同词语数量大，汉语外借词多，有关狩猎、采集的词语分丰富；句子结构属子 SOV 类型，动词在句尾，有重音。

二、语言是文化延伸、扩展的主要手段

原始文化是指原始人类生活的全部方式，包括他们的生产饮食、社交、信仰、祭祀等活动方式。这些人类活动的原型早已湮入历史的磨耗之中，残留下来的只是一些产难以解读的遗迹和文物。但是人类文化的原始意象一方制面仍保留在大址的古代文化遗址中，另一方面经过种族、家族、群体的民俗类文化活动，代代相传而保留下来。“传承”(transmission) 是世间万物繁衍生息的最基本的生理潜能，一切物种的原始属性和本能都会通过“传承”这种生理运作过程进行延续和发展，人类也如此。人类对于周围世界的种种离散物体的认识，首先是通过“传承”过程来克服时空阻隔，以达到交流的目的。这种“传承包括主动的和被动的传承、有意识的和无意识的传承、直接的和间接的传承，共时的和历时的传承、物质的和精神的传承等等。实际上，所有这些不同方式的传承都是在高级生理平面上对人类文化的传承，而目主要通过语言来完成。虽然人类的语言能力源出了人类大脑中一种内化的语言机制 (LAD)，这种机制使人类在后式的语言实践中能够创造性地使用和理解无限的人类话语和句子，但是人类对某特殊语言的早期习得过程是一种文化实践，而不是基因遗传。当然人类语言的产生和使用与环境或语境是密切

相关的。东北地区古代先民长期的狩猎、采集活动决定了各个种群的思维方式，也决定了他们表达这种思维方式的语言模式。东北地区独特的山系和水系等自然地理环境是东北地区原始文化形成、分布的重要因素：东北地区独特的人文观蕴育了东北文化的特色和魅力。原始文化的乡土气息是十分浓重的，这种文化的形成不仅与种自身生息密切相关，而且与生存的周围环境有着密不可分的联系。“一方水土养一方人”反映的就是这种文化，此句话中的“人”表面指的人的肉身和机体，实际上反映的是人的灵气，人所承载的文化。人本身不仅是文化的辜负名，也是文化的传播者、开发者和示传者。因人远过个体的，家族的、科位的生产和社会活动展示的文化是富多彩的。

三、生产方式。

古学历史学推断：大约距今五千至六千年之间，相当于中原地区新石器时代的中、晚期，在北到黑龙江下游，南到兴凯湖以至牡丹江中游，东到日本海，西到松花江下游的广大临水地区分布着新开流文化类型或其文化因素，地域分与后来肃恒族群的居生地互应，故新开流文化类型的居民可能是肃慎族群的先世肃慎各部族所居住地区不同的地理环境，决定了各部族所侧重的浦色、将猎、采集等不同的生产类型。但这三种类型都履于渔猎经济的范畴之内，肃慎族群这时期的生产方式都可称为渔猎经济。这一地区出的骨器多为渔猎工具，有骨鱼镖、骨鱼钩、骨鱼卡、骨和角制渔叉、骨穿针、骨两端器、角穿维、牙刀等。出土的石器以生产工具为主，有做刮削器、石斧、石凿等，以压制石器为主，磨制石器较少，直接打制的罕见。出土的陶器均为陶罐，器形单一，纹饰为鱼鳞纹、菱形纹等，这些文物表明曾定居这一地区的先民是以捕鱼为主要经济，兼营将猎的氏族。器上的纹饰印证了原始渔猎文化的存在，鱼磷纹及后来衍生出的女形纹、方格纹、指甲纹和占纹等是先民们角猎活动通过人的认知过程在器物上的折射。出土的骨头、角游伯反读了这个氏族的图腾崇拜和早的原始信仰。

莺歌岭文化遗址是另一处与肃慎有密切关系的原始社会遗址，距今约三千年，相当于西周，文化群分布地域为：北至牡丹江下游和兴凯湖畔，南到北朝鲜东海岸，东到日本海沿岸，西达张广才岭东麓。出土的骨器有锥、针、簪、鱼钩、枪头、甲片、牙刀和孢角锄等农耕、渔猎工具和战争武器。出土的石器以磨制为主、有斜刃斧、凿、孤刃刀、穿孔刀、矛、镞、环形斧等。出土的陶器有罐、钵、碗、盘、杯、金、甑等及一些陶猪、陶狗和熊等小型原始工艺品。大量农业生产工具的出土证明当时的原始氏族是以农业经济为主；大量渔猎工具和兽骨的出土，反映渔猎经济还占有较大的比重。

四、宗教、信仰

巫术与宗教是人类自出现以来十分重要的群体活动，它的怪异多变、诡秘神奇隐藏着丰富的文化内涵，是人类文化生活中一个重要的方面。以渔猎文化为基底的东北古代民族，在世世代代经历了同死亡搏斗来猎取生存机遇的主要生活方式后，其信仰投射层，其神话聚焦点，其话语中心，便自然地体现在对生—死转化的极度关注上。萨满教(Saman)是东北多个民族信仰的一种原始宗教，它展示了古代先民们丰富的想像力和对大自然的神秘认识，也揭示了先民对人类与神秘力量之间多变的依存关系的确认。萨满教认为世界分为三层："天堂"为上界，诸神所居；"地面"为中界，人类所居："地狱"为下界，鬼魔所居。来往于神或魔与人之间的，能够"通神"又能"驱鬼"的是萨满，"萨满"是通古斯语的音译，即"巫"的意思。萨满是萨满教的专职祭司，具有人神两方面的本性，亦人亦神，法力超群。他们身着萨满服，能治病，萨满教的宗教理念代表了东北先民们古老的空间意识，表达了他们面对天、地、大自然的巨大威力所产生的恐惧心理，以及对无限神力的崇拜、依赖和祈求，正是远古先民们原始的蒙味和怪异的恐惧感培育了以萨满教为代表的东北地区神秘多变的惧感文化。以惧感文化为基垫的萨满文化，通过多样的口头文学形式，如史诗、传说民间故事等，保存了丰富的萨满文化史料。在萨满文化中，女萨满的象征不仅历史悠久，而且十分引人注目；她们始终活跃在流传至今的各民族的口头文学中，这些东北民族口头文学，通过语言加工，夸张地渲染了女性机体的神奇与灵性，把万能的神性特点融入她们的萨满身份之中，从而创造出种种神秘莫测、无所不能的女萨满形象，如乌布西奔妈妈、尼桑萨满等，因此，在东北民族众多的文化事项中，如萨满巫术传统中的萨满领神，祭祀祖先、祭祀天神、野神仪式中的萨满跳神，驱除鬼怪、治病救人过程中的萨满请神等等，都可以观察到女萨满们由其秘神奇的萨满神术所造成的浓重的文化心理积淀。

五、文化永远是传承的；语言永远是交流的

在东北多元文化的历史激流中，民族语言汲取了丰富的内容，不断地发展与变化。可以说多元的民族文化炼造了多样的民族语言，多样的民族语言激活了多元的民族文化，但是民族文化永远是民族语言生成、发展的重要条件。在多民族文化的相互碰撞、交汇之中，语言的裂变和融合时时发生。没有语言永恒的交流，就不会有民族文化的发展与繁荣，从东北民族文化与民族语言的历史互动关系中，不难看出民族是文化滋生的肋骨，生活是文化充动的血脉，社会是文化发展的机体，语言是文化传承的手段。

第七章　东北方言在当代的发展与演变

第一节　现代媒体与当代的流行语言

方言词语研究是语言学研究的重点，从研究口语中使用的方言到研究媒体中使用的方言，方言词语研究始终热度不减。在这样的趋势中，纸质媒体方言词语研究逐渐得到关注。纸质媒体当中使用方言词的现象并非偶然，每一个方言区根据其突出的方言特点灵活地将方言词语运用在纸质媒体当中，可以达到更好的传播效果，扩大自身的影响力、提高公众的关注度，从而与受众形成一个长效的有机整体，同时产生良性循环，推动纸质媒体方言词研究的发展。东北方言是东三省的地方语言，有着使用范围较广、语言特点突出、传播较为迅速等特点，并且简洁易懂、诙谐幽默，深受各类媒体的喜爱。近年来，东北地区的纸质媒体也逐渐开始重视方言对于本行业的影响。经过多年发展，东北地区纸质媒体对东北方言词语的运用已形成一定规律。相较而言，将方言词语运用到纸媒中的做法，南方地区较早，东北地区纸质媒体运用方言的时间较晚，因而，东北地区纸质媒体当中的方言词语运用还未得到广泛的研究。

一、方言词语出现在纸质媒体当中的原因

方言是语言的地方变体，方言的存在有着社会普遍性。电视广播等媒体大量使用方言词语，在有声媒体和网络流行语的多重冲击下，纸质媒体要想保持活力和原有的竞争力，就必须提高自身的关注度。在纸媒中适当运用方言词语，有助于突出纸媒的地域特色。

本地报纸报刊的读者范围是固定的，多为本地市民或关注该地区的家乡人，长时间潜移默化的影响，会使他们对带有本地区方言词语的纸质媒体增加接受度，而纸质媒体当中大量运用方言词语，将人们日常交流和沟通的语言登上版面，可以有效地增加受众的归属感和亲近感，从而产生对纸质媒体的接受度和关注度。纸质媒体当中运用方言词，

使纸媒的语言文字通俗易懂，为纸质媒体走近受众提供了一条捷径。方言是口语，语音语调的变化是其主要的区别方式，生活当中产生的各种各样的群众口语带有浓厚的生活气息。方言词语浅显易懂、生动形象、色彩鲜明，利用方言词语写作，是为大家所接受且喜闻乐见的。

我国新闻事业近些年来蓬勃发展，媒体的采编实力越来越强，传播的影响力越来越大，媒体也已认识到，要想有好的新闻质量，要想吸引更多人的目光，就要贴近生活，运用方言正是其中必不可少的条件。而对于读者来说，运用方言词进行的报道则更容易接受和理解，方言词会使媒体和读者之间产生一种奇妙的氛围和联系，这不失为一种双赢的方法。

在众多方言中，南方方言温婉含蓄，西北方言豪放直爽，而东北方言则以俚俗幽默见长。随着赵本山等东北喜剧演员的大热，东北方言在全国范围内越来越得到关注和重视，有些学校和单位甚至成立了东北话社团，专门教授东北话，不得不说，东北方言的感染力是其活跃的重要原因之一。媒体人当然也注意到了这一点，抛开方言和媒体互利等原因，单从东北方言语气中透露出的朴实生动、幽默诙谐、通俗易懂来看，就值得东北地区纸质媒体去关注。不同于广播电视，纸质媒体无法用声音和画面去引导受众，也就无法在声音和画面上直观地感染受众，对于受众的情绪无法准确掌控，为了引起受众共鸣，使纸质媒体达到更好的传播效果，东北地区也开始重视纸媒中方言的运用，一些典型的方言词，如“啥”“咋”“整”等，也越来越多出现在新闻当中。

二、东北地区纸质媒体方言词语使用频率

（一）纸媒中的高频东北方言词

“啥”和“咋”这两个词相较“什么”和“怎么”而言，更加简洁朴实亲切，因此成为纸质媒体常用的方言词。这两个词不仅是东北地区的方言词，也是北方方言区普遍运用的方言词，更易被接受和认可。“忽悠”一词幽默调侃意味较浓，适合用作吸引读者、引起共鸣的纸质媒体用词。“唠”及含“唠”的词语则排在高频词的最后，这是因为对于“唠嗑”“唠扯”等词，东北人比较熟悉，而东北地区以外的人则相对陌生。

（二）纸媒中的低频东北方言词

在东北纸媒使用的方言词语中，除了“啥”“咋”“忽悠”“唠”等高频方言词外，还有一些不常出现的低频方言词语。这些低频东北方言词有“贼”“闹挺”“堵挺”“撵”“得瑟”“显摆”“埋汰”等。这些方言词语对于东北方言区的人来说，不存在理解困难，而对于东北地区以外的人来说则容易造成混乱，因此在纸质媒体中的出现频率较高频词低

很多。纸媒中出现的低频东北方言词有“贼”“闹挺”“堵挺”“撵”“得瑟”“显摆”“埋汰”等。

“贼”的本义是偷东西的人，在东北方言当中表示“很”“特别”。“贼亮”是“很亮”“特别亮”的意思，“贼好”是“特别好”的意思。在报纸当中，“贼”作为具有调侃意味的词，也偶尔出现。例如，印花T恤高腰短裤好看不贵还贼实用（标题）(《新文化报》2014年5月14日B13)，农家林下鸡大雁珍禽东北味贼拉浓（标题）(《长春晚报》2014年1月12日A08)、决赛门票贼贵——最高被炒至2万美元（标题）(《生活报》2014年7月13日第29版)。

在这三个例子当中的“贼”都是特别、非常的意思。“贼拉”这个词，使标题中的东北味儿更加浓郁了，“贼拉”是更为本土的一种说法，意思和“贼”是一样的，但是听起来语气更强烈一些。东北方言词“贼”“闹挺”“堵挺”“撵”“得瑟”“显摆”“埋汰”等在纸质媒体当中都曾出现过不止一次，但并未被频繁使用，原因有三：一是上述方言词当中，有一些并没有约定俗成的书写形式，并没有强制规定用哪些字来组成词语，所以纸质媒体在使用当中会刻意避免它们；二是这些方言词语地方色彩浓重，对于非东北地区的读者容易造成混淆，考虑到受众的接受度，因此慎重选择；三是与其鲜明的口语、俚俗色彩有重要关系，纸媒多为书面语，因此常态下不易运用。

三、东北方言词语在纸媒中的发展趋势

东北地区在纸质媒体当中对方言词语的使用已经较为灵活和成熟，未来的发展空间较为广阔，发展态势总体看来比较乐观。本论文通过“读秀”网络学术搜索系统，对东北方言词语“啥”“咋”“忽悠”“唠”及含“唠”词语四个高频词语进行搜索全国数据，统计后发现，从2000年开始，东北地区比较本土化的方言词语便已经开始出现于纸质媒体当中，呈现逐年上升趋势。2005年，赵本山的小品出现在春晚，东北方言词开始得到了广泛的关注。从2005年到2012年，“赵家班”的小品和东北电视剧在全国大范围流行，东北方言词逐渐成了热点，纸质媒体受其影响，开始迅速增加东北方言词语的使用量。

2012年以后，纸质媒体使用东北方言词语的频率开始缓慢下降。原因有二：一方面是因为2012年以后网络流行语开始盛行，纸质媒体当中也开始使用网络流行语，使方言词语的使用频率有所下降；另一方面，因为东北特色文化流行程度开始逐渐下降，因此对纸质媒体当中东北方言词语的使用产生影响。

总体来看，纸媒当中使用东北方言词语这一趋势在近几年不会发生太大变化，仍有

一定的发展空间。纸质媒体使用东北方言词语的频率高低除了与东北方言本身的发展有关外，还与东北特色文化的发展息息相关。若东北地区的特色文化能够持续发展，东北方言的热度也会继续保持，纸媒中的东北方言词语也会随之继续发展。

四、纸媒使用东北方言词语的积极作用

在纸质媒体当中使用方言词语能够增加趣味性，使报道更加生动而富有韵味，有利于纸质媒体摆脱严肃、正式、古板的形象。东北纸媒中使用东北方言词语的优势比较明显，主要表现在以下几个方面：

（一）能够突显地域特色

新闻的本土化是报刊保有竞争力的条件之一，全国发行的报刊影响比较大，因此，本地的报刊要想保有竞争力，就必须有特点、吸引人，而方言作为本土化的语言，有着很大的优势。可以说，方言是本土文化的一种外在表现形式，更是本土文化的象征，因此，在报道中运用方言词语，是吸引本地区读者最直接有效的办法，可以使读者产生强烈的归属感和亲近感，“地方情结”使本地读者产生较大的自我认同，这是外来报刊所无法提供的。

（二）增强与受众的联系，有利于新闻价值的实现

纸质媒体运用方言报道，使受众的心理得到归属感，把新闻信息以受众乐于接受的方式送入受众视野，能够更好地实现新闻价值。方言是一个纽带，这个纽带来自本地区居民共同的自我认同，普通话作为标准的语言，在全国范围内适用，无法提供这种认同或区分，并且方言作为某一特定地区的特定语言，是这一地区人们相互的认可。“老乡”其实靠的就是这种心理归属，乡音是最容易拉近人距离的，这种归属感和认可感将该地区的人紧密联系，产生一种向心力和凝聚力，达到心理同归。报刊当中运用方言词语也正是利用了这一点，记者在报道中运用大量的方言词语，以相同的语言与读者进行某种交流使，记者与受众之间产生了一种紧密而微妙的联系，富有生活气息的方言从情感上满足了读者的要求，读者会关注到新闻本身，这会使新闻的价值得以实现。

（三）使得新闻语言表达更具吸引力

将使用方言词语的新闻与未使用方言词语的新闻进行比较，可以发现，带有方言词语的纸质媒体报道更生动、更富有吸引力。方言词语带有明显的表达色彩，新闻报道运用方言词语，可使语言表述生动活泼、诙谐幽默，读起来趣味盎然。例如：

加拿大纽芬兰省斯格纳希尔景区近日发生一次非常惊险的车祸。年仅 20 岁的女司

机在山顶路边停车时不慎坠崖，但司机幸运生还，车辆也没发生爆炸。据报道，幸运的是，这位女子被甩出车外 20 多米远只是身受重伤，目前正在医院接受治疗。发生事故的公路在当地省会圣约翰斯附近。女子驾车坠落的崖壁足有 250 米高，到处是光秃秃的岩石。事发前，这辆灰色的丰田 Echo 小车不知何故撞到路边护栏后冲下山坡。在折腾了 90 多米后，事故车被石头卡在半山腰。女司机则躺在远处动弹不得。接到报警后，消防车和拖车赶到现场，费了好大劲才用钢缆将小轿车从半山腰拉了上来。（正文）（《三峡商报》2016 年 4 月 7 日 A12 版《加拿大离奇车祸女子驾车坠崖后生还》）。

五、现代媒体与当代的流行语言

1994 年中国的互联网正式进入国际网络的大家庭中，到今天为止，中国的互联网发生了三次大的转折。第一次是在 1994 年中国正式与国际互联网接轨的时候；第二次是在 2001 年中国互联网协会成立的时候；第三次是在 2009 年中，社交网站开始活跃起来。在中国互联网正式进入人们生活的这 25 年以来，可以说中国的网络科技飞速发展，其中人类文明进程的加快也能够更好地体现人民生活质量和生活水平的提升要求。例如，社交网站开始活跃起来之后，人们喜欢在网络上交友、聊天，在这聊天的过程中，都是在使用普通话，不管你是说粤语的广州人、说四川话的重庆人，还是说东北话的长春人，打字聊天时出现在电脑屏幕上的都是标准的普通话，所以这就导致了方言被使用的越来越少，就会出现逐渐被我们所遗忘的情况。这个现状对于方言来说，是不利的，这也是互联网发展出现的弊端。当然，科技是把双刃剑，有弊端也就有好的一方面，那就是网络流行词的盛行，网络流行词在我们日常生活中出现的频率逐渐变高，而这些网络流行词有的时候也会带有一些方言的成分。例如，前几年比较著名的东北方言“扎心了，老铁”主要是指哥们之间的义气，通过对这一方言的分析及研究可以了解个人在社会生活实践之中比较触动的事件，存在一种比较悲观的情绪以及消极态度。这样一来，也是推动了方言的发展，不同地区的方言都出现在网络这个大环境下，也使得某些地区的方言被大家所熟知。

随着科技的进步、传媒的发展，各种新的媒体应运而生，网络媒体发展非常迅速，同时成为人们生活中的重要组成部分，一旦出现各种社会热点，就会传遍大街小巷。例如前段时间，某个农村题材的电视剧中的一句台词“她扒拉我”一夜之间火遍全网，其原因就是“扒拉”。再说这个电视剧中的台词，演员在说这些台词的时候可以说是很少出现普通话，大多数说的都是东北话，单从语音语调上是很难听出是普通话的，甚至有很多台词在说出来的同时，字幕直接就呈现出普通话，因为很多方言是呈现不出某一个准确的汉字的。以上体现为角色人物在演绎台词的过程中展现了东北方言的直接准确，东北方言的俏皮率真，让人因为实在而感到质朴，这是基于东北文化自身的幽默特质，其文化价值也蕴含其中。但是目前也出现了东北方言中出现大量粗俗粗糙，不精确，信口胡说，随意性过强的情况，这种情况给语言规范化也带来了不少的麻烦。

再说最近火遍全中国的一首歌《野狼 disco》，乍一看这歌名，没什么特别的，但是，细看其歌词内容，句句都是东北方言，歌手老舅是地地道道的东北人，他用 rap 的演唱方式，将东北的特色以东北话的形式展现在大家面前，歌词不仅押韵，而且通俗易懂，如“干啥”“整”这类的东北方言，再配上曲调，大家都觉得既好听又好玩，容易唱。除了歌词部分吸引人，这首歌的 MV 也完全展示了东北地区的特色，如大秧歌、大绿棒啤酒等等，无不体现了东北的文化特色。而这首歌中最有特色的不仅是东北话贯穿整首歌，中间还穿插了粤语部分，虽然后来出现了港星翻唱中间粤语部分，但还是有很多听众说好像东北味儿的粤语更有趣，更有味道一些。东北话和粤语的结合，也是文化的融合。这首歌也再一次把东北方言推到了更多人面前，使得更多的人喜欢东北方言，让更多人想要说东北方言。在欣赏某种艺术时，我们每个人对其的喜爱可能都会出现腻了的情况，其实方言也是一样，我们生活在一个区域，每一天听的和说的都是同一种方言，如果身边来了一个说其他方言的人我们会很新奇。所以说，东北方言现在处在一个被其他地域的人好奇的一个地位，人们对东北方言有一种猎奇的心理。

第二节　人口对于东北语言的现实影响

在我们生活的环境中我们不乏会听见身边出现方言土语的声音，然而这些声音大多来源于岁数大一些或者是身处乡村或是市级以下的地区的人口中。例如，回到农村老家，村里的人普遍接受教育的少，大家交流比较自然亲近，使用的多是方言，如果在村子里听到一句字正腔圆的普通话会觉得格格不入。再比如，我们在小区里散步，很多年龄大一些的爷爷奶奶，聊天的时候也会时不时地蹦出几个我们听不懂的词，而这些我们听不懂的词语，便是方言土语。这样的方言现状我们仔细想一下，再过几十年，这一批老人的迁移或离世再加上当时国家对于农村“城市化”建设，越来越多的中国乡镇居民从农村地区走进了城市，到城市中去发展，这样说方言的人就可能会变得越来越少。但是，由于社会发展的现状，人口是流动的，难免会有说东北方言的人到其他地区去发展，交流的过程中也会自然而然地流露出东北方言。因此，人员的转换使得民间文化一点点的被“稀释”，但是不管怎样发展，方言还是会有人说，所以方言并不会消失。

第三节　普通话的普及与东北语言的现状

在人们日常生活的互动交流和传递信息过程中，最重要的是语言，国家的统一、民族的团结、社会的发展进步离不开这个民族共同语言的普及和发展，所以这个国家才会大力推行普通话。普通话是遍布全国的一种现代通用性地方语言，它的主要特征是以北方话的拼音汉字为其语音书写形式，并以其书写标准的拼读写法和声调为主的一种方言，以较为典范的中国现代汉语白话字和文学学术著作语法形式为其标准语法书写规范。在推进我国加快建设中国特色的时代社会主义体系的伟大光荣历史进程中，大力推广宣传、积极推广普及各国和地区乃至全国广大民众普遍认可通用的优质汉语普通话，有利于促进我国广大民众有效克服国际文化上的隔阂，促进国际社会交往，对于我国社会主义的国家经济、政治、文化等体系建设都具有十分重要的指导意义。

随着当前我国深化改革和创新开放与特色社会主义政治市场经济的初步形成与基本建立，人类文明进程不断加快，普通话的推广备受关注，实质的标准以及要求越来越高，营造良好的少数民族性和传统特色的语言文化氛围，有利于有效促进少数民族商品贸易从业人员的就业率及商品的正常流通。公众越来越关注对普通话的使用，主动调整自身的社会行为，充分彰显普通话的重要作用，真正实现活学活用。

普通话的广泛推广，符合国家以及民族发展的实质要求，对构建和谐社会、推进国家的稳定建设有非常关键的影响和作用，一个民族和国家、各个少数民族之间关系是否应具有统一、规范的国家文字和民族语言，是直接关系到整个民族国家的民主独立性和一个民族核心凝聚力的具有重大历史政治实践价值的重大事件。《中华人民共和国宪法》第 19 条明确规定：国家需要着眼于目前政治经济文化建设的条件促进普通话的有效推广，提升普通话的普及率和应用率。公众也需要主动利用普通话与他人进行交流，这一点与公众的法律义务和社会责任密切相关，也是每位中国公民都应该具有的民主国家政治意识、主权政治意识、法制政治意识、文明社会意识、现代性管理意识等的具体表现。我国的方言比较多元，同时民族较多，是一个多民族和多语言的国家。在人类文明不断加快的进程中，普通话的推广以及利用势在必行。这一工作与国家的文明建设密切相关，只有进一步推广普通话才能够提升我国的核心竞争力和影响力，同时还有利于促进我们中华民族在党内及国际经济社会关系中的政治地位和国际影响。普通话的教育推广无疑是学校加强学生素质教育的一个迫切需要。语言文字写作是其语言思维方式表达的基本手段和重要工具、文化内涵知识的重要表达载体以及其语言交际运用技巧的重要依托，因而语言又是其精神素质文化组织体系构成和功能发展的基本理论依据，是其物质文化精神形象意识建设的重要组成条件。

现在，全国都在普及普通话，每个人都要会说普通话，由于许多工作性质上的原因，更是要求考取普通话证明。再加上小孩子在接受教育的同时就很少出现方言，所以现在越来越多的小孩子根本不会说也听不懂民间语言。说的人少了就会导致民间语言逐步被大家所遗忘。为了实现顺畅的交流以及沟通，普通话的学习非常关键，普通话的社会影响力较高，因此，在学习的过程之中需要进行进一步的界定，紧跟时代发展的要求。但是这一点并不代表着直接放弃方言，而是需要在融合的基础之上实现共同发展，在表现思想感情和体验当地文化等各个方面，方言较之于普通话更具有优势。当两个同乡人在自己家乡之外的某个地方见面或者相识时，两个人彼此认同的最直接、最可靠的基础之一便是乡音。所以有些海外的华人只是会讲某一种方言，但并没有学会说普通话，原因之一就是他们只会讲自己的家乡话，出国后什么都能够改掉，但是口音是根本改不掉的。所以这些方言是连接自己与祖国之间的一种情感象征。从当代主流媒体的发展角度入手，讨论东北方言的现状问题，可以得出：即使普通话在全国正在被普及，但是东北方言在主流媒体的推动下，本已逐渐没落的东北方言文化又慢慢走进大众的视线，东北方言得以“重拾信心”，因此，尽管东北方言随着人员的流动和改变会出现被“稀释”的情况，但是其始终是在发展，所以并不会消失。

第四节　东北语言当今在我国的活跃与发展

东北方言当今在我国的媒介传播中，很有“人缘儿”，特别是在影视剧和语言类的娱乐节目中是很能体现“逗哏”效应的。可以说，东北方言从诞生到走过的漫长历史过程中，从来都没有向今天一样“风靡全国，走向世界”。那么，东北方言当今在我国的活跃必有其缘由，东北方言的发展也必仰仗这缘由而尽显其旺盛生命力。

一、东北方言借助于媒体彰显活力，扩大影响

在中国古代和近代稳定的社会结构、经济结构的支撑下，地域文化曾经表现出较强的稳定性。这种情况在现代有了显著变化。在当代中国，尤其是改革开放以来，由于社会生活变化速率加快，地区间经济、文化交往频繁，更由于普通话的强势推广，方言整体上呈现出日渐式微的趋势。但东北方言却在 20 世纪 90 年代以来，在这整体颓势中出

现了某种异军突起的倾向。这种特例，得益于大众传播媒介的现代化。广播、电视、纸质媒介、网络以强大传播功能改变着人们的思想观念和文化修为。大众传播媒介以跨区域的信息传播和信息整合力量，在不同的地域文化之间搭建了广泛沟通与交流的平台。东北方言借助这种平台，以小品、电视剧等大众喜闻乐见的形式，在全国范围扩展了自己的影响力。这种影响力的扩展，也得益于东北方言自身达意的贴切、表述的幽默。如小品《相亲》中赵本山扮演的徐老蔫一段独白："你说我儿子净整这格路事儿，让我这当爹的替他相媳妇儿，你说现在都啥年代了，我这当老人的跟着掺和啥劲儿，我说不来吧，他就跟我怄气儿，俺那孩子哪点儿都好，就是有点儿驴脾气儿，这也不怪他，我也这味儿。等一会姑娘来了，我把信一交就算完事儿。"儿化音的叠用使表达朴实、直率、亲切、幽默，增强了语言的亲和力和感染力。再如，范伟表演的节目中常说的"钢钢地""妥妥地"这种东北方言程度副词的应用，也同样起到了画龙点睛的功效，换任何一个词也难于达到它们所表达的效果。再如电视剧《刘老根》中的对白："李哥你这咋整的咋还干拉（在没有菜的情况下自斟自饮）上了""你这事整的多磕碜（不好看、难看），还把我一撸（免职）到底了""你干什么玩意儿，你破马张飞（行为狂烈）的"。这些东北方言的运用，极大地增强了对白语言的张力和感染力。除了文艺途径，东北大量南下的打工族把亲切的东北家乡话带到大江南北，也对推广东北方言建树了一定的功绩。我们可以认定，东北方言在现代中国的社会生活中尚有着广泛的受众基础，尚有着比较强大的生命力，社会生活不会也不该把这些生动活泼的语言清除掉，它们将继续在人们的沟通、交流中发挥着不可替代的价值。

二、东北方言在语言趋同和存异博弈中发扬光大

当代的语言发展有趋同和存异两种趋势。趋同的目的是便于不同地区、不同国度的政治、经济、文化交流、交往，以适应地区融合化和经济全球化。这种趋势在中国表现为普通话的强势推广，在世界范围表现为英语热、汉语热等。存异的目的是保护语言的多样化，语言的多样化才能使社会生活呈现丰富多彩的特征，譬如全世界的人都只说标准的伦敦英语或标准的北京话，那么世界的语言和现在百花齐放的语言比起来该是多么单调和乏味！趋同和存异各有其依据，它们在进行着博弈，在取其方便和取其趣味中进行着取舍，这种博弈的过程就是语言发展的过程。可以认定，这个博弈的过程具有长期性，因为任何时候我们既不能舍弃语言应用的方便性，也不能舍弃语言应用的趣味性，因而趋同和存异两种趋势将长期并存。东北方言的发展经历了漫长的历史和现实的打磨，至今仍然保持着旺盛的活力，根本原因是东北方言能够做到达意贴切、表达生动幽

默，准确地反映了东北人鲜明的个性。东北方言发展到今天，就是因为它承载了厚重的东北文化，这种文化同其他文化一样，植根于生活的深厚土壤。这种文化既是民族的，也是世界的，保持和发扬这些文化不仅是繁荣中国文化的需要，也是发展世界文化的需要。换句话说，只有保持好自己民族文化特性，才能在世界文化之林占有一席之地。在汉语地域方言整体萎缩趋于消亡的发展过程中，东北方言的发展却出现了一些独特变化：一些方言词汇语义出现了扩大、缩小或转移的现象；一些方言词汇的用语范围发生了改变，原来只适用于东北地区，现在却广泛应用在媒体语言之中，直至流行全国。怎样才能使东北方言得以更好地保存和发展，关键在于注重语言的时代性，在于结合社会生活的发展进行语言的创新，使东北方言不脱离时代的发展，进而更好地服务于时代的发展。东北方言已经为东北媒体市场的拓展、为东北经济的发展立下了不可磨灭的功劳，之所以这样，是因为它准确生动地表达了社会生活的变化和要求，我们应该在东北方言的发展上继续与时具进，让它在东北的发展以至中国的发展上发挥出更好的效能。

第五节　本土化电视娱乐节目的语言特色研究

一、东北方言彰显本土化电视娱乐节目语言魅力

（一）有助于树立艺术形象进行角色定位

语言学家经过研究发现在人们通过语言进行交流的过程中，不但运用到了语言系统，同时也涉及了文化系统，这与语言系统不但有着极大的关联，同时两者相互依赖相互依存。由此我们可以得出这样的结论，文化制约着语言，语言是文化的构成载体，文化、语言不分家。俗话说："五里不同俗，十里不同音；宁卖祖宗田，不忘祖宗言。"在民间的本土文化里，许多微妙的含义和巧妙的表达，这些精华之处都只能通过方言这种特殊的语言，才能够表达得精准，表达得充分。方言来源于民间，来源于生活，人与人之间情感的抒发也是通过方言来维系着。成百上千年的古语中，经过了时间的洗礼仍然延续着自己的语音语调，这就是方言。各地区的方言不但能代表当地的自然景观人文生活，更重要的是它凝聚了一个民族多年来的记忆，是无可否认的活化石。在这里我们可以这样去理解，方言，它体现了一个地区、一个民族族群的风土人情和民俗文化，它的历史、文化、环境等都在不知不觉中表现了出来。仔细分析不难看出，这其中的许多对于生活中的价值观体现和思维方式的进化，也暴露无遗。如此看来，方言与文化相辅相成，方

言的形成，也是地域文化的产物。两者之间又是一个相互影响、相互依附的关系，方言和地域文化，相辅相成。

我们具体来说东北方言。语言表达简洁明了、幽默风趣、直白不拐弯抹角、描述生动形象、节奏感明显、语言极具表现力，这些都是东北方言的特点。与普通话相比，语音上的不同表现在：东北方言大部分地区平、翘舌音声母（z、c、s 组和 zh、ch、sh 组）区分不清。很多发音调值也有差异（音高不同），体现在：阴平调在东北地区发音调值约为 33 或 44；发儿化音词较多。在词语的表达方面，东北方言有很多独特的词汇。在语法方面，东北方言中，经常会出现许多拟声词作为修饰语，例如："逗得我嘎嘎乐"（"嘎嘎"指的是笑的声音，表明非常的好笑）、"我俩关系钢钢的"（表明两人关系非常的好，"钢钢"是敲击铁制品的声音）、"冻得嘶哈的"（嘶哈是喘气的声音，嘶是吸气的声音，哈是吐气的声音，表示很冷）、"疼得嗷嗷的"（疼得直叫唤，意思是非常疼）、"一上午落上就叮当的"（叮当形容声音很大，表示楼上一直都不消停的意思）等。这些简短的例子就可以看出为什么东北话，总会给人以特别生动形象还略带幽默的感觉。东北方言在发音上有着独特的试听感受，由于东北话极具形象主义，语言不加修饰，也能很明显感觉到说话者的意图。这种形象就来自发音时，语气略重且强，音调偏低，并且会稍稍拉长。以上我们探讨的是东北方言的整体特点，倘若细化地区，东北方言还存在着许多不同之处。内蒙古东部呼伦贝尔、通辽、兴安、赤峰和锡林郭勒"东五盟市"也都属于东北地区。这些地区都在用东北方言，并且不同地区的方言还存在着巨大的不同。比如：哈尔滨话是大家公认的最接近普通话的一种方言，而"东五盟市"的语言也与普通话出奇相似；吉林话就提到了刚才所说的语音相对比较重的特点；再往南的辽宁话，划分得就更加细致，每个地区都有其略微不同的方言（例如大连地区，就有着极具特色的音调，老百姓亲切地称之为"海蛎子"味）。大体可以这样总结，东北地区从北到南，发音朝着一个趋势发展，即语音高亢、铿锵有力、抑扬顿挫、音调多变。但是，与中国广袤的土地上比起来，东北这一区域，人们之间所运用的方言以及方言的语法方面基本没有太大的区别，所以也几乎不存在语言交流上的困难。

（二）有助于提升节目品牌形象，凸显节目特色

从最近几年不同地区的电视节目的总体来看，闽南语、粤语、河南话、湖南话、东北话、四川话等国内的广播电视几乎倾尽所有的方言，将其融入节目中。方言也的确具备其无可替代的作用和特点——简洁、生动、形象并且具有很强的艺术感染力。据专业人士调查，人类的耳朵要比眼睛所接收的信息在大脑中停留的时间要长，也就是说听觉比视觉更容易受到刺激。所以对于方言的这种听觉刺激，就好像无形当中我们为视觉贴

上了一个更给力的听觉标签，使受众能够对节目产生深刻的印象和兴趣。方言的优势还有很多，与普通话相比，方言的表达显得更加生动，内容更加丰富不呆板，情感的运用、事物的细微描述以及状态的区分等等，都显得更加活灵活现。俗话说，“一方水土养一方人”，一方水土同样也只有一种方言，这种方言也是只有当地的居民才能欣赏的文化。方言类电视节目，尤其是娱乐节目，方言与当地平百姓的亲密接触，都是与方言所具备的平民化、生活化、通俗化分不开的。这种节目与受众的亲和力，是其他节目无法比拟的。但是方言也有其局限性，方言不会像普通话一样的普及，普通话的节目是针对全国的广大受众，而方言是在有限的范围之内、特定的环境之中形成的一种语言文化，并且能够充分体现其形成过程中的历史以及当地人民的思想情感，也是这有限的地区的民间语言。

吉林都市频道《拉大剧》栏目，从节目名称到节目内容都引用了当地的文化，在节目当中也有许多群众演员参与。这个节目是为受众打造的“百姓奥斯卡”，演员全部来自非专业并且没有任何演出经验的普通百姓，但对地方的文化精髓了如指掌，并且对方言也有极强的驾驭能力。虽然这种方式拍出来的节目，专业性还差很多，但就是因为这种百姓参与的节目，使受众更加有亲切感，有一种邻家大叔大婶在与我们拉家常的感觉。节目与受众产生共鸣的同时，也让当地受众都能有机会当把明星过把瘾，所以节目一经播出就引起了极大的反响。这种方式，也是用“本土化”来打造地方节目，从而使这种区域性品牌效应得到了明显提高，这也是电视节目能够在市场上占据上风的决胜法宝。若想做一档成功的方言类电视娱乐节目，首先在开办之初就必须做好案头准备工作。需要大量的时间去对调查当地的风土人情、民俗民风，了解当地人民对什么样的节目更感兴趣，不同的群体对节目的要求也有所不同。那么此时节目制作人就更加需要选择你的受众群体类型。其次，你要参观当地的人文景观以及参与当地的社会活动，了解这座城市的文化等方面有什么不同之处，一个地区的居民有一个地区的特色，当地居民的语言、思维、审美、生活习惯和欣赏高度都是我们考察的对象。这个地区的公园、广场、博物馆、雕塑、学校、商圈等都是能够体现一个城市的特色和一个城市人民的生活品味。将调研到的这些因素结合到节目制播当中，使节目中的元素与当地受众口味如出一辙，并且形成独具特色的独到角度和创新点的电视娱乐节目。节目的整体制作还能够更加贴近民生贴近他们的生活，一切都从实际出发，能够切实反映老百姓生活的节目，拍摄风格趋于平民化、选择角度普遍低视角，拉近与受众的距离，密切与受众的关系，只有如此，节目才能被广大受众所接收，提高节目的满意度。

（三）有助于吸引受众，促进节目地域认同

方言，作为广播电视节目出现，它就成为一种开放并且面向社会的大众转播，即便

只是针对小范围的指定群体。在电视节目中，方言也尽可能使用它的典型用语，这里的典型用语一般是以方言中的诙谐幽默并带有调侃性的语言为主。运用这些典型的方言，不但为节目增加了娱乐成分，并且还能够突出方言特色，与其他类型节目对比更加鲜明。现如今，我国的电视节目市场模仿和跟风的倾向普遍，几乎成为一种节目创作的惯性。在这种缺乏活力的状况下，方言类电视节目，这种极具生命力、创造力和创新意识的节目形态，既具有新鲜感又能与受众产生共鸣，无疑给整个电视传媒业带来了新鲜的血液，同时这样的竞争和冲击也会是一次积极的影响，也许会为推动电视行业向前大步跨进。

方言也能够很好地拉近人与人之间的距离，也能使沟通更加顺畅、亲切，在这种情况之下，地区的文化以及历史背景就能够维系更长久的时间。若有那么一天，方言不复存在，随之而来的，是地域的差别缩小、文化的同化、历史的掩埋。所以方言，无论从哪个角度来谈，都是至关重要的。很多人认为，这种方言类的电视节目，是缩小了你的传播范围，在很多层面上来说是违背了传播要面向大众的初衷。但若要换个角度思考，它是将传播分众化，并没有违背“传播的目的是面向大众”的初衷。人们对于电视节目的喜爱与追捧，完全是源于一种认同，这种认同，不单单是节目本身，而是节目中所能带给受众的内心呼声，以及对于本土文化习俗的自豪感。城市具有开放性的特征，那么也就是每个城市都有共同的一面。节目在追求创新和本土化的同时，还应当立足城市，时尚、流行的元素不可或缺，不能片面单纯地只追求地域的认同，面对市场化的今天，将会被残酷的淘汰。

二、东北方言体现本土地区历史文化属性

方言形成的原因大多是由于环境闭塞、与外界隔离、导致交流不畅，所以方言的发展才能够不同步。虽说方言是由于环境闭塞等原因造成，但是在某种程度上，也向人类传达了这个区域的历史背景。让人们通过方言这一活化石，了解当地多年前的风土人情。萨丕尔（EdwardSapir）曾说：“语言有一个底座。说一种语言的人是属于一个种族（或几个种族）的，也就是说，属于身体上具有某些特征而不同于别的群的一个群。语言也不能脱离文化而存在，就是说，不脱离社会流传下来的、决定我们生活面貌的风俗和信仰的总体。”帕默尔也说：“语言史和文化史是联系在一起的，互相提供证据和互相说明。”多年来积淀的东北文化，正是通过方言来为我们展现。以下是几个明显的表现点：

（一）移民文化

东北的历史，可以在很多民族中找到它的印记。我们比较熟悉的蒙族、满族、赫哲族、朝鲜族，这些民族的祖先都曾经在东北居住过，还有鄂伦春族、锡伯族、达斡尔族等民

族也有所记载。到了清朝时期，大批汉人北上，使东北这个融合了十余种民族的地区更加热闹起来，也就是从这个时期开始东北方言逐渐形成。1920年至1930年间，“闯关东”又掀起了一次北上的热潮，从东北以南（河北、北京、天津、山东等）向东北方向迁移，他们的光临，为东北方言最终的形成做出了巨大的贡献。如：开瓢儿（指人或动物的头部受伤）、撒丫子（放开脚步跑，也可理解为快跑）、地窖（地下室，这种地下室冬天可储存食物，不烂也不冻，天然大冰箱）、来客了（qi ě，家中有客人到了）、哈巴狗（一种小型犬）原为北京方言。当时北上来到东北地区人数最多并且也是分布的区域最广的少数民族当数满族，所以，包括现在我们听到的东北方言中都有很多满语词汇的痕迹。

比如：在东北有种用羊或猪动物膑骨之满语称呼。读chua的“抓”在东北话里是把拾起来四散的东西，像猪吃食的动作，也可以叫“chua食”。东北人最常说的应允声“嗯哪”，据考证来源于女真语“一那”（发生了元音高化）。“咋呼”在满语中是形容女性的词语，“泼妇”最为恰当，到了东北，逐渐演变成了“咋咋呼呼”，意思是瞎吵瞎嚷，没教养的表现，并引来很多人围观，是不稳重的表现。东北人说的“特勒”，就是普通话中“邋遢”的意思，同样源于满语，意思是邋遢、没规矩、衣衫不整的意思。“嘞嘞”在满语中是不停讲话的意思，东北人形容别人胡说的时候常说“胡嘞嘞什么玩意儿”“你别跟我瞎嘞嘞”。东北话的“磨唧（磨蹭）”也来源于满语，指做事过于迟缓，重复动作很多导致耽误时间。东北方言里的“藏猫儿”，这个“猫儿”就是满语，意思是树丛，藏在树丛里。东北人形容“穷”这个词语时，经常会说说“穷得叮当响”，这个“叮当”来自满语，也是穷的意思，而“响”是汉义中误解其叮当的真正含义而后加的，形容家里的锅碗瓢盆敲打的声音，由于没有装食物，敲打起来格外响亮。“埋汰”也是东北方言之一，并且一直倍受东北人的喜爱，生活当中也经常会运用到这个词。它是从满语中得来的，意思是形容事物很脏。在东北的大部分地区，很多语言都来自满语。另外，东北的很多地名也都来自满语，如牡丹江、吉林、图门等等。东北的方言不仅仅只融合了满足这一个民族，还有很多词语来自于其他的少数民族。又比如：蒙语中的“老嘎达”翻译过来是最小的意思，在东北方言中也有这个词语，“嘎达”就是形容一块，很小等含义。罗常培先生说过：“被征服民族的文化借字残余在征服者的语言里的，大部分是地名。”东北方言不单单只来源于满族，还有很多民族的语言陆陆续续进驻东北。“卡伦”湖来自锡伯语，“卡伦”为“边防哨卡”之义；“齐齐哈尔”来源于达斡尔语，是“落雁”的意思；“昌图”县源于蒙古语“常突额尔克”，意为“绿色的草原”；东北的一些地名中，比如：“乌兰浩特”“呼和浩特”“二连浩特”“查干浩特”里的“浩特”指城寨、村寨，来自蒙古语。东北这块融合了众民族的地区，也使这里的文化变得包罗万象。它的语言具有多元化，这种多元化也让东北的方言包容性极强。多民族在这种移民的情况下创造了如此多姿多彩的东北方言。这是一种新的语言的诞生，也是一种独具特色文化的形成。也正是这种文化，让东北这块黑土绽放出了别样的光彩。

（二）乡土文化

由于东北地域辽阔，四季分明，广袤的黑土地肥沃的土壤，再加上宜人的气候，中国最大的粮仓之一就在此地。东北，不但有茂密的森林和一望无际的草原，地下还埋藏着丰富的煤矿、石油、金刚石、金矿等各种矿藏。中国最大的石油城——大庆，就在东北。但是东北的地形一面临海，三面环山，有大片的平原、草地、肥沃的黑土正适合种粮食，住在这里的各民族通过东北这块宝地的资源，完全可以自给自足，游牧、农耕、渔猎，多样的生活方式也让住在这里的民族主观地与外界切断联系。而这种状态也决定了当地人民的生活方式和思维方式的乡土化。当地有句顺口溜："三亩地，一头牛，老婆孩子热炕头"。这种对生活的追求也是东北文化的一大特色，这种文化也在东北方言中有所体现。

首先我们来说在东北，冬天特别难熬，在极其寒冷的自然环境下，东北人不怕困难并能将其一一克服，通过一双勤劳的手和聪明的智慧，创造属于自己的家园。无形当中，造就了东北人坚强、直爽、豪放的性格。在东北方言中我们也不难感觉到，很多词语都体现着东北人独有的性格特点。"咋整"，这个词语已经不专属于东北了，因为通过电视节目，它早已被传遍大江南北，这句"咋整"，也成为外地人一直模仿的表达语气，意思是怎么办，大部分的人把它定义成了东北人的特征，豪放、大气、直率、乐观；"贼"在东北方言中是程度副词，但是用东北人的口吻说出来，就特别的富有情感色彩，发音时，重音一定要放在"贼"上："贼好玩儿""贼像样""贼带劲""贼好吃""贼辣"，诸如此类都是东北方言标志性的短语。在东北，生气叫"急眼"；上街叫"上 gā i"；玉米叫"苞米"；可能也许叫"备不住"；干什么叫"干（gà）哈（há）"；中午叫"晌午（hu）"；晚上叫"下晚儿"；怎么的叫"咋的"；放下叫"撂那儿"；起来叫"躲喽"；厨房叫"外屋地"；口袋叫"胯兜儿"；"白话（hu）"是跟你聊天；"哈喇子"是流口水；"够呛"是没啥把握；"稀（xi ē）罕"是喜欢；"老鼻子了"是太多了；"秃噜反杖"是形容办事没头没脑。不仅仅是这些，在形容人的一种感受或一件事时，为了体现的程度深，经常会用拟声词、叠词或者感知词来表现。比如："嘎嘎甜"（太甜了）、"吧吧（bá）苦"（太苦了）、"嗞（zí）儿嗞儿辣"（超级辣）、"饺饺酸"（特别酸）、"喉喉咸"（非常咸）、"咔咔挠（使劲挠）""呆呵儿地"（反应迟钝）、"撂杆子"（人跑了）等。这些让人听了忍不住捧腹大笑的语言，土得掉渣的说话方式并带着一股乡土气息，就是这样的语言，在著名艺术家赵本山的努力下，将这种文化带到了艺术的舞台上，不断让东北的方言体现着无尽的价值。

在学校，随处可以见到男人对要好的女人叫“老妹儿”；赵本山小品中的“大妹子”也快成了人们生活中的必备词语；逛街时随处可以听到亲切的“大哥”“大姐”；这些称呼的来源都是由于东北地区多年来自给自足的生活方式，他们以家庭为单位，并逐步形成了家族、种族这种亲密的社会关系，所以东北人非常看重血缘关系，当然也非常重视亲情。加之东北人热情好客，对外来客人，为了表示对你的热情，都会对你用亲人的称呼来对待，这就是“老妹儿”“大叔”“大姐”“大哥”的词语出现的原因。虽然是一个简单的称呼，但是东北人的热情好客，加上方言的亲切感，会让人瞬间拉近关系，这就是东北方言的一大特色。

（三）传播文化

说到传播，我们不难想到当今的许多电影、电视剧、小品、二人转包括歌曲都包含着东北方言的元素。通过一个个艺术作品，将东北文化传播到大江南北。而传播也不单单只靠艺术作品，现在的流动人口每年都在逐年递增，东北人外出学习、打工以及外地人来东北，都是交流学习的机会。从而也使得东北方言中的词汇逐渐步入了“流行”与“时尚”的行列。据调查，在大学里，一个寝室来自五湖四海，但是只要有一个东北人，大学四年毕业之后，全寝室的人都会说上几句东北话。这就是东北方言传播速度快、范围广、感染力强的特点。在语言的传播过程当中，能够清楚地表达语意，让人听明白，这是最基本的条件。所以从这一点来看，东北方言就具备无可比拟的文化基础。同时，东北地区以汉族为主，汉族的语言、文字以及汉族文化都对当地人民产生着深远的影响。

除以上列举的东北词语外，在语音系统方面，东北方言还具有与普通话微妙的区别。普通话中单元音字母“o”在东北方言中是不存在的，“o”的音全部换成“e”。“八百标兵奔北坡”中的“po”，很多东北的孩子会发“pe”。而这样的发音方式就来源于北京话。东北地区是满族的发源地，同时东北方言也是汉语的延伸与发展。从清朝初期开始，不少满人入关，因此东北方言与北京方言有着百年的历史渊源。虽然大体上没有什么区别，但仔细推敲还是有不同之处。单单在这小小的方言上，就不难看出，我国数千年的历史文化积淀，很多学问还需我们不断挖掘。

赵本山的很多作品如《卖拐》《卖车》《刘老根》《乡村爱情》——无论是舞台小品还是电视剧电影，赵本山做到了让更多的人了解东北方言，喜欢东北方言。也的确，东北方言具备这种幽默、风趣、亲切、质朴并且贴近生活的特点，让人们对东北方言印象深刻，经久不忘。它就是取材于人民平时的生活，在语言中也融入了东北人豪放、爽朗的性格，那种洒脱、不拘小节才使得说话的时候能够运用老百姓的话，说老百姓的事儿，这其中的文化来源于生活，来源于劳动，在田间地头，在炉灶之间，时时刻刻都体现着东北人坚忍不拔的生活态度，体现着苦中作乐的乐观生活方式。这样的语言怎能不感染人？同时，在全国一直热播的有关东北的电视剧、小品当中，我们也看到了，受欢迎的原因很简单，北方地区的人民都能看的懂，东北人看了也会感到亲切，同时对于南方人来说更是新鲜。这个汇集了东北人多年智慧的东北方言就这样被传播开来并一直受到广大人民的喜爱。东北的方言，虽然很明显地反映出了东北地区的文化属性和人文社会氛围，

但是这只是一方面，并不能够代表全部。东北的自然风光和地理特征也是我们不可小觑的一方面。我们不难看出，要想更进一步地去了解东北，了解东北的方言，必先了解东北的文化，这个文化包含了东北的历史背景、文化修养、民俗民风，当然这些还不够，人文景观也是东北文化遗留下来的遗迹；了解了这些还要切身去体会东北地区的自然环境，深入到大自然，呼吸着素有天然氧吧之称的大小兴安岭的新鲜空气，去瞭望内蒙古大草原，到百姓家吃一顿家常便饭，与他们聊聊天，这其中所收获的才是最具价值的东西。东北各地的自然景观、人文环境以及民族风俗，联系自然地理、历史文化背景，再加上一双具有发展眼光的眼睛，只有这样才能够更深入地了解这个地区的方言和文化，才能够将其内涵了解得更深刻更透彻。

参考文献

专著类：

[1] 马思周，姜光辉 . 东北方言词典 [Z]. 长春：吉林文史出版社，1991.
[2] 许皓光，张大鸣 . 简明东北方言词典 [Z]. 沈阳 : 辽宁人民出版社，1988.
[3] 尹世超 . 东北方言概念词典 [Z]. 哈尔滨 : 黑龙江大学出版社，2010.
[4] 唐聿文 . 东北方言大词典 [Z]. 长春：长春出版社，2012.
[5] 尹世超，李荣 . 哈尔滨方言词典 [Z]. 南京：江苏教育出版社，1997.
[6] 刘小南，姜文振 . 黑龙江方言词典 [Z]. 哈尔滨：黑龙江教育出版社，1991.
[7] 李治亭 . 关东文化大辞典 [Z]. 沈阳：辽宁教育出版社，1993.
[8] 陈刚 . 北京方言词典 [Z]. 北京：商务印书馆，1985.
[9] 董绍克，张家芝 . 山东方言词典 [Z]. 北京：语文出版社，1997.
[10] 社会科学院语言研究所 . 现代汉语词典（第 6 版）[Z]. 北京：商务印书馆，2012.
[11] 张斌 . 新编现代汉语 [M]. 上海：复旦大学出版社，2014.
[12] 李如龙 . 汉语方言特征词研究 [M]. 厦门：厦门大学，2002.
[13] 李如龙 . 汉语方言学 [M]. 北京：高等教育出版社，2001.
[14] 吕叔湘 . 现代汉语八百词 [M]. 北京：商务印书馆，1996.
[15] 曲彦斌 . 中国民俗语言学 [M]. 上海：上海文艺出版社，1996.
[16] 侯精一 . 现代汉语方言概论 [M]. 上海：上海教育出版社，2002.
[17] 聂志平 . 黑龙江方言词汇研究 [M]. 长春：吉林人民出版社，2005.
[18] 黄涛 . 语言民俗与中国文化 [M]. 北京：人民出版社，2002.
[19] 温端政 . 汉语俗语大词典 [M]. 上海：上海辞书出版社，1989.
[20] 孙维张 . 汉语熟语学 [M]. 吉林：吉林教育出版社，1989.
[21] 武占坤 . 汉语熟语通 [M]. 保定：河北大学出版社，2007.
[22] 温端政 . 汉语语汇学 [M]. 北京：商务印书馆，2005.
[23] 邵敬敏 . 现代汉语通论 [M]. 上海：上海教育出版社，2001.

论文类：
[1] 孙静 . 姜淑梅作品方言词研究 [D]. 大连：辽宁师范大学硕士论文，2017.
[2] 付丽娟 . 死水微澜四川方言词研究 [D]. 成都：四川师范大学硕士论文，2015.
[3] 刘洋 . 白鹿原关中方言词研究 [D]. 西安：陕西师范大学硕士论文，2016.
[4] 赵文菲 . 老舍作品中的北京方言词语研 [D]. 天津：天津大学硕士论文，2014.
[5] 王健宇 . 萧红与迟子建作品中的东北方言词研究 [D]. 大连：辽宁师范大学硕士论文，2016.
[6] 任娟 . 四世同堂词汇研究 [D]. 保定：河北大学硕士论文，2012.
[7] 王青 . 茶馆词汇研究 [D]. 济南：山东大学硕士论文，2008.
[8] 刘婷 . 巴金激流三部曲词汇研究 [D]. 保定：河北大学硕士论文，2013.
[9] 石丽荣 . 风云初记中的方言词语研究 [D]. 天津：天津大学硕士论文，2015.
[10] 李洪燕 . 莫言小说方言词语研究 [D]. 成都：四川师范大学硕士论文，2017.
[11] 石灵娟 . 孙犁代表作品中方言词语运用研究 [D]. 保定：河北大学硕士论文，2011.
[12] 陈奇 . 周立波小说中的方言现象研究 [D]. 长沙：湖南师范大学硕士论文，2014.
[13] 张小娜 . 茅盾长篇小说词汇研究 [D]. 保定：河北大学硕士论文，2013.
[14] 黄琳涵 . 大连女作家孙惠芬作品词汇研究 [D]. 大连：辽宁师范大学硕士论文，2017.
[15] 清平，明任，绍飞 .《暴风骤雨》方言词语例释 [J]. 齐齐哈尔师范学院学报，1978(3).
[16] 王明仁 .《暴风骤雨》注释中值得商榷的一些问题 [J]. 宁夏大学学报，1980(4).
[17] 冯庆堂 . 解读《暴风骤雨》中的文学语言 [J]. 美与时代 .2003(5).
[18] 王宇，王丹 . 东北方言的语言文化特色 [J]. 黑龙江社会科学，2017(5).
[19] 杨惠栋 . 从东北方言词看东北饮食文化 [J]. 语文学刊，2011(9).
[20] 于晓 . 东北方言词汇中的地域文化 [J]. 科教导刊，2011(4).
[21] 高圣林 . 赵树理运用熟语的特色 [J]. 山西大学学报，1995(4).
[22] 孙阿利 . 陈忠实作品中的关中方言词语例释 [J]. 湖北函授大学学报，2015(17).
[23] 聂志平 . 东北方言中的熟语 [J] 佳木斯教育学院学报，1998(4).
[24 杨春宇 . 东北官话方言特征词例释 [J]. 沈阳师范大学学报，2016(2).
[25] 方勇 . 东北方言语义探究 [J]. 吉林师范大学学报，2017(1).

[26] 马思周 . 吉林方言词语例释 [J]. 吉林师范学院学报，1984(2).

[27] 李雪 . 东北方言俗语札记 [J]. 哈尔滨师专学报，1997(4).

[28] 王吉春 . 京派语法学家的词类划分综述 [J]. 文化学刊，2017，(1).

[29] 王吉春 . 人本主义教育思想与对外汉语教学 [J]. 现代语文，2017，(1).

[30] 王吉春 . 海城方言研究综述 [J]. 现代语文，2017，(4).

[31] 王吉春 . 周立波《暴风骤雨》中的东北方言词例释 [J]. 文化学刊，2018(2).